Study on Corporate Financing Constraint for R&D Investments of Chinese Listed Companies

中国上市公司 R&D投资的融资约束研究

王山慧◎著

ZHEJIANG UNIVERSITY PRESS
浙江大学出版社

FOREWORD

前 言

随着全球化的深入，较大的技术竞争压力使得企业对技术创新的需求越来越迫切。企业创新能力的培养需要以R&D为基础，因此，企业对R&D所投入的资金是决定企业创新能力的重要资源，也是衡量企业创新能力和技术实力的重要指标。然而，从我国企业的实际情况来看，企业的R&D投入偏低。目前，国内学者一般基于委托代理理论、企业基础资源理论、高层梯队理论等，从不同的角度对我国企业R&D投入不足的原因进行了大量的研究，很少有人关注企业R&D投资的融资问题。由于企业R&D投资受提供资金的融资渠道的影响，因此，R&D融资问题也是制约企业R&D投资的主要因素。尽管R&D在经济增长中发挥了重要角色并且对融资有较高的敏感性，但现实中大量的研究考察固定投资的融资约束问题，很少有文献关注企业R&D投资的融资约束问题。

本书在总结国内外现有成果的基础上，分析了企业R&D投资、融资的特性及现状，基于企业融资约束理论分析了企业R&D投资存在融资约束的信息不对称和代理成本，实证分析了不同产权性质和成长阶段的企业R&D投资所面临的融资约束差异，进而考察公司治理（包括董事会和机构投资者持股）和金融发展对企业R&D投资的融资约束的缓解效应。本书的内容主要包括以下几个方面。

(1)企业R&D投融资特征及现状分析。本书首先将企业R&D活动分为基础研究、研究确定、中间试验、产品开发和工艺开发五个阶段，并且详细分析了每一个阶段的重要任务以及资金需求情况，同时指出企业R&D投资不同于普通投资的四个特性：R&D投资面临更大的调整成本，存在较高的成本，获得回报需要较长的周期，并且是一个持续、累积和不可逆的过程。随后根据中国科技统计网和统计年鉴等给出的数据具体分析了我国R&D投资总体和企业R&D投入情况，分析结果表明，我国企业已成为R&D活动的执行主体，尽管R&D投入在不断增加，但企业研发投入偏低，与发达国家存在较大差距。其次，总结了企业R&D活动的融资方式，并且对各种融资方式的优劣进行了比较。最后，考察了我国企业R&D的融资现状，发现在R&D融资中，国家财政科技投入比重偏低，企业已经成为我国社会R&D投资的融资主体，而企业R&D活动的融资结构相对单一。

(2)企业R&D融资约束的理论分析。首先，对企业融资的理论进行了回顾，介绍了MM理论、权衡理论、新优序融资理论以及融资控制理论，对R&D投资的融资困境进行了分析，认为R&D投资缺乏抵押价值，其收益具有较大的不确定性，以及高度的信息不对称导致企业R&D融资困难。随后基于信息不对称理论和代理理论分析了企业R&D投资的融资约束问题，认为信息不对称和代理问题是导致企业R&D投资存在融资约束的主要成因。最后，基于我国特殊制度背景讨论了国有企业和民营企业中R&D投资的融资约束差别，认为民营企业要比国有企业面临更大的融资约束问题。此外，还讨论了不同成长阶段下企业R&D投资的融资约束差别，指出成长期的企业R&D投资要比成熟期企业受到的融资约束更为严重。

(3)我国企业R&D投资的融资约束的检验。选取了合适的度量模型——欧拉方程，应用GMM方法考察我国上市公司R&D投资对企业现金流的敏感性，以检验是否存在外部融资约束，并且对不同企业产权性质和成长阶段下企业R&D投资面临的融资约束是否存在差异进行验证。

(4)公司治理对企业R&D融资约束的缓解效应。本书首先分析了公司治理中对企业R&D融资约束的影响，阐述这些机制是如何降低企业R&D

面临的融资约束的。阐述了董事会规模对企业R&D融资约束影响的两个方面，认为独立董事比例的提高能够有效降低信息不对称和代理问题、拓宽企业R&D融资的渠道，从而有效缓解企业R&D面临的融资约束。此外，机构投资者能够有效降低R&D的信息不对称，改善所在企业的公司治理水平，降低企业R&D项目的代理成本，并且增加了R&D可融资的规模，从而有效缓解了我国上市公司R&D投资面临的融资约束。其次，本书利用中国上市公司面板数据和动态面板广义矩估计方法，实证检验了公司治理中机制对企业R&D融资约束的缓解效应。

(5)金融发展对企业R&D融资约束的缓解效应。金融发展水平是影响企业融资约束的重要因素。在将金融功能划分为信息处理、风险管理、项目治理、动员储蓄、交易便利功能的基础上，基于信息不对称和代理理论分析了金融发展如何从成本和数量两个方面缓解企业R&D投资的融资约束问题，并进一步实证考察了金融发展对上市公司R&D融资约束的缓解作用，同时考虑了企业产权性质和成长阶段的差异。

目前关于企业R&D投资的融资约束研究集中于欧美发达国家，本书的研究以中国上市公司为样本，实证检验了中国上市公司R&D投资的融资约束问题，为国际研究提供来自转轨经济国家R&D融资问题的研究，并进一步考察了不同所有权性质以及不同成长阶段的企业R&D投资的融资约束差异，弥补了现有研究的不足，拓展了Brown等人(2009)的研究。同时，本书还考察了公司治理机制对企业R&D融资约束是否具有缓解效应，为研究企业R&D融资约束的缓解机制提供了一个新的重要视角，为我国公司治理的改善提供了经验证据。此外，本书还考察了金融发展对企业R&D融资约束的影响，为理解金融发展对经济增长的微观作用机制提供了新的视角。

CONTENTS

目　录

第1章　绪　论　//1

1.1　选题背景、目的及意义　//1
1.2　概念界定　//6
1.3　国内外研究综述　//10
1.4　本书研究的主要内容　//26
1.5　研究方法和技术路线　//28
1.6　本书的主要创新点　//30

第2章　R&D投融资特征及现状分析　//33

2.1　引　言　//33
2.2　R&D的主要阶段及资金需求分析　//34
2.3　企业R&D投资特性分析　//36
2.4　我国R&D投资的现状分析　//38
2.5　企业R&D活动的融资体系及其比较　//44
2.6　我国R&D活动的融资现状　//47
2.7　本章小结　//49

第3章 企业R&D融资约束的理论分析 //50

3.1 引 言 //50
3.2 企业融资理论 //51
3.3 R&D投资的融资困境分析 //53
3.4 企业融资约束的理论基础 //54
3.5 企业R&D投资存在融资约束的理论成因分析 //57
3.6 不同产权性质下公司R&D投资的融资约束差别分析 //59
3.7 不同成长阶段下公司R&D投资的融资约束差别分析 //60
3.8 本章小结 //61

第4章 企业R&D融资约束的检验 //62

4.1 引 言 //62
4.2 度量融资约束的R&D投资模型 //63
4.3 研究设计 //66
4.4 回归结果分析 //69
4.5 本章小结 //73

第5章 公司治理缓解企业R&D融资约束的机理分析 //75

5.1 引 言 //75
5.2 董事会规模缓解企业R&D融资约束的机理分析 //76
5.3 独立董事缓解企业R&D融资约束的机理分析 //78
5.4 机构投资者持股缓解企业R&D融资约束的机理分析 //83
5.5 本章小结 //86

第6章 公司治理对企业R&D融资约束的缓解效应的实证研究 //88

6.1 引 言 //88

6.2　研究假设　//89
6.3　研究设计　//93
6.4　实证结果分析　//95
6.5　本章小结　//102

第 7 章　金融发展缓解企业 R&D 融资约束的机理分析　//105

7.1　金融发展的功能分析　//105
7.2　金融发展缓解企业 R&D 融资约束的机理分析　//110
7.3　本章小结　//113

第 8 章　金融发展对企业 R&D 融资约束的缓解效应的实证研究　//115

8.1　引　言　//115
8.2　研究假设　//116
8.3　研究设计　//121
8.4　实证结果分析　//122
8.5　本章小结　//129

第 9 章　结论与研究展望　//132

9.1　结　论　//132
9.2　研究展望　//135

参考文献　//137

索　引　//166

图目录

图 1-1　本书技术路线　//29
图 2-1　部分国家 R&D 经费支出活动类型分配比较　//41
图 2-2　高科技产业 R&D 投资强度的国别比较　//44
图 2-3　企业 R&D 融资体系　//45

表目录

表 2-1　2006—2011 年我国 R&D 经费总投入及 R&D 经费占 GDP 比例　//39
表 2-2　部分国家 R&D 经费与 GDP 之比　//40
表 2-3　R&D 投入的活动类型结构　//40
表 2-4　2006—2011 年 R&D 经费在执行部门的分布　//42
表 2-5　大中型工业企业的科技活动基本情况　//42
表 2-6　2011 中国企业 500 强研发投入分布状况表　//43
表 2-7　直接融资方式的比较　//46
表 2-8　间接融资方式的比较　//47
表 2-9　我国 2006—2011 年财政科技支出情况　//47
表 2-10　我国 R&D 经费来源分析　//48
表 2-11　我国企业 R&D 经费来源分析　//49
表 4-1　融资约束与 R&D 投资　//70
表 4-2　产权性质、融资约束与 R&D 投资　//71
表 4-3　成长阶段、融资约束与 R&D 投资　//72
表 6-1　主要变量的描述性统计结果　//96
表 6-2　董事会规模、融资约束与企业 R&D 投资　//97
表 6-3　独立董事比例与企业 R&D 融资约束　//99
表 6-4　机构投资者持股比例与企业 R&D 融资约束　//101
表 8-1　主要变量描述性统计　//123
表 8-2　金融发展、融资约束与 R&D 投资　//125
表 8-3　金融发展、产权性质与 R&D 融资约束　//126
表 8-4　金融发展、成长阶段与 R&D 融资约束　//128

第1章 绪 论

1.1 选题背景、目的及意义

1.1.1 选题背景

2011年8月11日，苹果以高于埃克森美孚39亿美元的市价成为全球最有钱的企业，企业巨大的创新造就了苹果公司的成功，苹果公司的风云人物(原CEO)乔布斯有句名言：领袖和跟风者的区别就在于是否创新。

宏观方面，技术创新是经济增长的主要驱动力(Romer，1986；Lucas，1988)。Baumol等(2007)的研究指出，近年来发达经济体生产力的增长主要是由于创新型公司的发展所驱动的。而据统计，技术对经济增长的贡献率，在20世纪初为5%～20%，20世纪70年代至90年代为70%～80%，信息高速公路联网后则提高至90%。美籍奥地利人、哈佛大学教授约瑟夫·熊彼特(Joseph A. Schumpeter，1883—1950)在其1912年德文版的《经济发展理论》一书中最早提出了创新的概念，并认为经济增长最重要的动力和最根本的源泉在于企业的创新活动。而企业的技术创新也成为企业提升竞争力和获得竞争优势的主要源泉(Cooper,1976),对企业的生产力、成长和长期绩效发挥了关键的作用(Long & Ravenscraft,1993;Vivero,2002)。回顾企业发展的历程,从国外的微软、苹果、英特尔、三星以及国内的华为、中兴、海尔等一批世界级大企业的成功都是企业不断的技术创新所造就的。

随着全球化的深入,较大的技术竞争压力使得企业对技术创新的需求越来越迫切。企业越来越认识到技术创新对企业生存发展的重要性。而企业创新能力的培养需要以 R&D(Research and Development)为基础,企业对 R&D 所投入的资金是决定企业创新能力的重要资源,也是衡量企业创新能力和技术实力的重要指标。为了获得竞争力,很多公司参与高成本的研发活动来开发创新(Thatcher & Pingry,2009),许多世界知名的高新技术企业用于技术创新的 R&D 支出已经达到营业收入的 10%以上。有研究显示,近二十年来,R&D 投资急剧上升,已经成为大部分美国上市公司的主要投资(Brown,2011)。然而,从我国企业的实际情况来看,企业的研发投入偏低。世界经济论坛发表的《全球竞争力报告 2008—2009》显示,从企业研发投资的全球分布来看,美国、欧盟和日本是企业研发投资最集中的地区,分别占 35.1%、29.0% 和 21.7%,三个地区的总占比超过了 85%;而我国仅占了 1.7%。资金的缺乏导致我国企业 R&D 活动的转化率较低,有资料显示,我国每年申请的专利技术有 7 万项,其中经省部级以上鉴定的专利技术就有 3 万多项,然而这些专利的实施率仅在 10% 左右,并且成功转化为商品形成规模效益的仅占 10%~15%,远远低于发达国家 60%~80%的水平。

一般认为,企业研发费用与销售收入的比率达到 2%才能基本生存,达到 5%才具有竞争力(潘承烈,2006)。以我国 500 强企业为例,中国企业联合会、中国企业家协会对 500 强企业发布的《2011 中国 500 强企业发展报告》显示,企业研发费用占营业收入的比例平均为 1.41%,而低于 1%的企业占了 43.6%。来自中国科技网的数据显示,我国 2011 年高科技产业的平均 R&D 投资强度仅为 1.6%,而美国在 2007 年高科技产业的 R&D 投资强度就达到了 16.9%,是 2011 年我国 R&D 投资强度的十倍以上,日本和英国高技术产业的研发强度也在

10%以上，德国、法国和韩国等国家高技术产业的研发强度也超过了5%，最低的意大利也达到了3.8%。因此，相比之下，我国企业的研发投入强度明显不足。

以上现象的存在使得我们亟须研究的问题就是为何我国企业R&D投入强度较低？尽管国内学者一般基于委托代理理论、企业基础资源理论、高层梯队理论等，从不同的角度对我国企业R&D投入不足的原因进行了大量的研究，主要包括企业特征、公司治理、高管特征、外部环境等方面，但为其提供资金的融资渠道无疑是关键的因素之一。清华大学经济管理研究所对我国企业技术创新的调查结果显示，创新资金的缺乏是阻碍企业技术创新的最主要的因素。由于信息技术的R&D成果共享性较强，加上其本身的高投入、高风险，因此，信息技术的R&D投资活动面临融资约束。尽管企业对R&D投资越来越重视，但由于信息问题、高度的不确定性以及抵押价值的缺乏等不同于普通投资的特点，因此，R&D投资相比于其他投资面临更高的融资约束(Brown,2009)。然而遗憾的是，很少有人关注企业R&D投资的融资问题。

虽然R&D在经济增长中发挥了重要角色并且对融资有较高的敏感性，但现实中大量的研究考察的是固定投资的融资约束问题，仅有少量的文献关注企业R&D投资的融资约束问题，并且这些研究得到的结论也是多种多样的。从这些研究来看，关于企业融资约束的研究集中于欧美发达国家，并且关于美国的研究结论表明，R&D投资存在融资约束，关于跨国家的研究则表明，R&D投资中的融资约束在美国要比其他国家严重，而美国的资本市场发展并不落后于其他国家。中国的资本市场落后于欧美国家，金融市场正处于一个从不成熟向成熟转变的过程，且我国企业的决策行为还带有很严重的政策导向，那么中国企业R&D投资是否存在同样的融资约束现象？不同类型的企业所面临的融资约束是否不同？在融资约束下，企业本身如何寻找路径保证其R&D投资的持续供应？公司治理和金融发展是否有助于缓解企业R&D投资所受到的融资约束？这是我国经济发展迫切需要思考的，也是本书试图回答的问题。

1.1.2 选题目的及意义

作为企业财务理论三大核心问题之一，企业投资行为一直备受关注。企业投资是企业成长的主要动因，也是未来现金流增长的基础。企业的R&D投资作为一种重要的投资，也受到越来越多的关注。Solow最早注意到R&D投入对经济增长的贡献。新经济增长理论的经济学家Romer和Lucas也认为，企业层面的R&D投入是技术进步和经济增长的动力。尽管对R&D投资越来越重视，但由于信息问题、高度的不确定性以及抵押价值的缺乏等不同于普通投资的特点，因此，R&D投资相比于其他投资面临更高的融资约束。虽然R&D在经济增长中发挥了重要角色并且对融资有较高的敏感性，但现实中大量的研究考察的是固定投资的融资约束问题，仅有少量的文献关注企业R&D投资的融资约束问题，并且这些研究都是基于发达国家的数据，国内鲜有这方面的研究。目前我国企业研发(R&D)投资强度不足，是我国增强自主创新能力、进入创新型国家行列迫切需要解决的问题，已经成为政府、企业和理论界共同关注的焦点。制约我国企业研发投入的因素有很多，而为其提供资金的融资渠道无疑是关键因素之一，这一点却很少引起国内学者的关注。因此，本书尝试从融资约束角度出发探讨我国企业R&D投资不足的问题，并进一步讨论公司治理和金融发展对我国企业R&D投资中融资约束的缓解效应，为缓解企业R&D投资的融资约束提供参考。本书对于进一步丰富我国R&D投资理论研究，以及如何缓解R&D投资的融资约束问题，完善R&D投资的资源配置具有重要的理论和现实意义。

1. 理论意义

目前国内学者纷纷借鉴委托代理理论、企业基础资源理论、高层梯队理论等，从微观层面上对我国企业R&D投入不足的原因进行了研究，并且普遍认为R&D投资不足主要在于企业的制度安排不合理、管理层重视不够，而忽略了企业融资对R&D活动的影响。本书提供了来自转轨经济国家R&D融资问题的研究，丰富了现有关于R&D投资和融资约束的文献；并进一步考察了不同所有权性质以及不同成长阶段的企业 R&D 投资的融资约束的差异，弥补了现有研究的不足，拓展了 Brown 等(2009)的研究。在企业 R&D 投资的融资约束研究的基础上，本书研究了公司治理机制对企业 R&D 投资的融资约束的缓解效应，为 R&D 投资的融资约束的缓解机制提供了新的研究视角，为我国公司治理的改善提供了经验证据，丰富了现有的关于公司治理和企业 R&D 投资的融资约束研究的理论成果。此外，本书还考察了金融发展对我国企业 R&D 投资的融资约束的缓解效应，从微观企业财务层面考察金融发展的作用，为理解金融发展对经济增长的微观作用机制提供了新的视角。

2. 实践意义

改革开放三十多年来，我国经济经历了高速发展阶段，社会处于全面转型阶段，经济结构亟待调整，产业亟待升级，自主创新日益成为核心驱动力。虽然我国 R&D 支出逐年增加，到 2009 年 R&D 投资经费占 GDP 的比重为 1.7%，与发达国家(2%～3%)相比，仍有较大差距。企业的研发投入也相对不足。国内外的很多学者已经对企业 R&D 投资不足问题进行了多角度深层次的研究，而且取得了一定的成效。尽管在实践中的研究很热，但企业 R&D 不足的现象依然存在，上市公司的 R&D 投资不足的问题依然是一个亟待解决的问题。企业融资约束的存在是企业 R&D 投资不足的一个重要因素。结合我国的具体情况分析，研究我国企业 R&D 投资的融资约束问题对于各利益方有重要的现实意义。

宏观方面，企业 R&D 投资中融资约束问题的研究有助于为我国宏观经济的健康持续发展提出更有针对性的政策建议。我国宏观经济一直高度依赖固定资产投资，然而随着知识经济时代的到来，粗放型的经济发展已经不再适合我国。当前，为增强我国国际竞争力，推动我国高科技产业的蓬勃发展，我国政府于 2006 年 2 月 9 日颁布了《国家中长期科学与技术发展规划纲要(2006—2020 年)》，提出要用 15 年时间使我国进入创新型国家行列。这标志着我国将进入以自主创新为主的科学技术发展时代。因此，在当前经济转型的过程中，加强自主创新能力显得尤为重要。而企业的 R&D 活动是宏观方面技术创新的主体。考察企业 R&D 投资不足的融资约束问题，有助于促进政府不断完善我国融资环境，使我国多层次资本市场的建设更加符合高科技企业的融资需求，进一步促进资源合理配置，引导更多社会资本投入企业自主创新，为我国社会经济的发展提供强劲的动力。

对于公司而言，研究我国上市公司的 R&D 投资的融资约束问题及其公司治理和金融发展对企业 R&D 投资的融资约束的缓解效应，能够让企业真实了解其 R&D 投资面临的融资约束情况，并通过相应的缓解机制来解决融资不足问题。同时，研究公司治理对企业 R&D 投资的融资约束的缓解效应，能够帮助上市公司完善其治理结构，提高公司 R&D 融资，提升企业的竞争力和获得竞争优势，从而实现生产力和长期绩效的增长。

对于政府和监管者而言，投资者保护是永恒的话题。中国资本市场相对于西方成熟的市场具有很多独特的地方，因此，研究金融发展和公司治理对企业 R&D 投资的融资约束的缓解效应，能够为政府和监管者出台相应的法律法规，促进金融市场的发展和公司治理结构的完善，进而为保护投资者利益提供参考的依据。

1.2 概念界定

1.2.1 R&D

R&D 作为技术创新的一个最重要的组成部分，是创新投入、创新成功的物质基础和科学基础，也是在科技活动中最具有创造性和创新性的一个部分。所以从某种意义上也可以认为，R&D 是技术创新的核心内容。

经济合作与发展组织（OECD）在《弗拉斯卡蒂手册》中将 R&D 定义为基于一个系统的创造性工作，并且利用有关人类、文化和社会的知识来进行新的发明创造，从而丰富有关人文、文化和社会的知识库。

联合国教科文组织(UNESCO,2001)将 R&D 定义为以丰富有关人类、文化和社会的知识为目标,并且利用这一知识库来创造新的应用而进行的系统性创造工具。它通常包含基础研究、应用研究和开发研究三个不同的阶段。基础研究是 R&D 活动的开始阶段,主要是实验性或理论性的研究,其目的在于获得有关现象和可观察事实的基本原理的新知识,从而为提示客观事物的本质运动规律获得新发展和新学说。应用研究是以获得新知识为目的而进行的创造性研究,是基础研究的拓展,主要是为了确定基础研究成果可能的用途,或是探索达到预定目标所应采用的新方法、新原理或新途径。因此,基础研究和应用研究的定位和研究成果的表现形式也是不同的,基础研究不以任何专门或特定的应用与使用为目的,而应用研究则主要针对某一特定的目的或目标。开发研究是 R&D 活动的最后阶段,是利用前两个阶段获得的知识和经验,为生产新的材料、产品和装置,建立新的工艺、系统和服务的一项系统性工作,目的是完成对以生产和建立的上述各项进行实质性的改进。R&D 活动的这三个阶段是相互影响、相互衔接的,并且各阶段的研究成果的表现形式是不同的。基础研究是以论文的形式将一般的原则、理论或规律发表在学术期刊上或是在学术会议上交流,应用研究是以科学论文、专著、原理性模型或发明专利等为主要的展示形式,而实验研究则主要是以专利、专有知识、具有新产品基本特征的产品原型或具有新装置基本特征的原始样机等作为展示形式。

《国际会计准则第 38 号——无形资产》中将 R&D 定义为:一种为获取新的科学或技术知识并理解它们而进行的具有创造性和有计划性的调查。它包括研究和开发两个阶段。研究是通过计划性的调查和测试活动,以获取新的知识为目的,并利用这一知识来开发新的产品、服务或技术,或者是对现有的产品或技术提出重要的改进。开发是在开始商业性生产或使用前,将研究发现或其他知识转化为某项计划或设计,以生产出新的材料、装置、产品等,或是对现有的材料、装置、产品、工序、系统或服务提出重要的具有实质性的改进。

美国科学基金会(2002)对 R&D 的界定较为具体,将 R&D 定义为企业、政府以及非营利性组织所进行的基础与应用研究和工程、样机与工序的设计和发展。此外，质量管理、日常产品检验、市场检查、推销服务以及地址或地球物理勘查等项目并不属于 R&D 活动。

我国科技部(2000)在《中国科学技术指标》中结合联合国教科文组织对 R&D 的定义，将 R&D 定义为人类不断探索、发现和应用新知识的一个系统的创造性工作，其目的是为了进行知识创造和知识应用，包括基础研究、应用研究和试验开发三个阶段。因此，我国科技部对 R&D 定义的内涵与联合国教科文组织定义的内涵是一致的。

综上所述，虽然对 R&D 的定义存在差异，但在内容方面基本能够达成一致。一般将 R&D 的定义分为广义和狭义两种。广义的 R&D 包括了基础研究、应用研究和试验开发三方面。狭义的研究则是指企业的研究开发活动。由于本书的研究对象是企业的 R&D 活动，因此，本书采用狭义上的 R&D 概念。本书认为，企业的研发活动是一个全方位的系统工程，渗透到企业生产的每个阶段，不仅包括了研发活动，还包括了为解决研发活动阶段所产生的新产品、新装置、新工艺、新技术、新方法和新系统到生产实践中所要解决的技术问题所进行的活动，包括设计、试制等活动。

1.2.2 融资

融资是指资金的融通，一般有广义和狭义之分。广义上的融资是一个动态的过程，是指资金由资金供给者手中向资金需求者手中运动的过程。一个融资过程既包含了资金的融入(即资金需求者融入资金)，也包含了资金的融出(资金供给者融出资金)。狭义上的融资仅是指资金的融入，不包括资金的融出，也即具体的经济单位为保证经济活动对资金的需要，结合自身经济活动的现状以及资金运用情况，根据未来发展的需要，通过科学的预测和决策，经过一定的渠道，采用一定的方式，利用内部积累或向外部资金供给者来筹集资金的过程。通常而言，人们所说的“融资”一般是狭义上的融资。本书也采用狭义上的融资，即从资金筹集的角度来研究企业 R&D 投资的融资行为。

1.2.3 融资约束

在现有的国内外文献中，融资约束的概念也存在广义和狭义之分。

广义上的融资约束是指当公司内外部融资成本存在差异时，公司投资所受到的约束。这种概念最早是由 Stighzt & Weiss 提出的。他们基于信息不对称理论和优序融资理论认为，信息不对称的存在使得企业内部融资和外部融资不能相互替代，从而导致内外部融资成本的差异，外部融资成本高于内部融资成本。当两者的成本差异较大时，公司只能依赖内部融资进行投资，产生了融资约束问题。一般而言，企业投资行为产生融资约束的两个主要来源是信息不对称和交易成本。外部投资者和公司经理层之间的信息不对称，使得外部投资者要求较高的风险溢价，并且信息不对称程度越严重，风险溢价越高，从而使得企业外部融资成本增加。企业内外部融资之间存在较大的成本差异，产生了融资约束问题。交易成本是产生融资约束的另一主要来源，由资本市场的不完全性（金融市场的非完全有效性）所导致的信息不对称和不完全所引起，主要由搜寻成本、签订合约和保证合约执行等组成。

狭义的融资约束则是当内部资金不能满足公司投资需求，需要进行外部融资时，由于内外融资成本差异较高超过了公司的承担能力所导致的融通资金运行受阻的情况。

分析这两种概念可以看出，广义上的概念说明所有公司都难逃融资约束的束缚，这是由于筹集外部资金所产生的交易成本可能使得内外部资金成本存在普遍性的差异所造成的。狭义上的概念则是由于内外部融资成本差异过大，以至于公司难以承受这种成本差异而无法融入足够的资金。本书为全面反映我国上市公司 R&D 投资的融资约束状况，采用融资约束的狭义概念。

1.3 国内外研究综述

1.3.1 企业R&D投资的影响因素分析

1. 企业R&D投资的非融资方面的影响因素

(1)市场结构方面。关于市场结构对企业R&D投资的影响,Scherer(1967)对美国制造业产业数据的研究表明,市场集中度与企业的R&D人员强度呈倒"U"形关系,在市场集中度较低时,企业的研发随市场集中度的增加而增加,但达到某一临界值后,市场集中度的增加反而阻碍了企业的研发。Levin等(1985)、Braga & Willmore(1991)、陈羽等(2007)的研究都表明,市场结构对企业R&D的影响是呈倒"U"形的。Adams(1970)比较分析了法国和美国产业的R&D强度与市场集中度间的关系,发现在两国的高技术产业中市场集中度与R&D强度一致表现为显著的负相关关系,但在低技术产业中两者的关系却不相同。Comanor & Scherer(1969)考察了市场集中度对企业研发的影响,以是否属于生产非耐用消费品和原材料投入品的行业作为分类变量,如果是则属于产品差异性小的行业,否则属于产品差异性大的行业,他们发现相比于产品差异性较大的行业,产品差异性较小的行业的市场集中度对研发人数的影响更大。Connolly & Hircehey(1984)、Lunn(1986)、Acs & Audretsch(1988)、Acemoglu & Linn(2004)、陈仲常和余翔(2007)等人的研究也发现,企业R&D投资依赖于市场集中度,并且市场集中度越高,企业的R&D投资越大。Nickell(1996)、Williamson(1965)、Mukhopadhyay(1985)、Blundel等(1999)、Geroski(1990)等的研究并不支持熊彼特假说,他们的研究表明,竞争性产业更能促进企业创新,而实际的垄断阻碍了企业的创新。Lee(2005)基于韩国公司的数据考察了产品市场竞争(以赫芬达尔指数表示)对企业R&D投入的影响,并发现这种影响因行业的不同而有所不同,在劳动密集型行业中，产品市场竞争的提高能够促进R&D投入，而在资本密集的行业中，产品市场竞争的提高则会阻碍企业的R&D投入。骆品亮等(2001)通过理论模型考察了有无专利竞赛情况下市场结构对R&D的影响，发现在无专利竞赛情况下，处于竞争性行业的企业有从事R&D的激励，而存在专利竞赛的情况下，垄断性企业从事R&D的动力更大。

(2)公司规模方面。Schumpeter(1942)最早提出创新的概念，并且考虑了公司规模对企业技术创新的影响，认为大规模的公司拥有更多的资源禀赋，是技术创新的主要承担者和技术变革的推动者。Smith & Creamer(1968)、Soete(1979)、Thompson(2001)、Fishman & Bob(1999)、吴延兵(2007)、戴跃强和达庆利(2007)等支持了熊彼特的看法，他们的研究表明，公司规模与企业R&D存在正相关关系，大企业比小企业创新的积极性更高。周黎安和罗凯(2005)采用省级水平的面板数据考察了企业规模与创新的关系，发现国有企业规模对创新有显著的正向影响，而民营企业不存在这种影响。与此相反的是，Kamien & Schwartz(1978)、Holmstrom(1989)认为，相比于大企业，小企业的内部沟通更为有效，较大的竞争压力使得小企业有足够的动力来鼓励研发人员，参与R&D活动的意愿和能力更强，因此，其研发的效率也要高于大企业。Shefer & Frankel(2005)考察了公司规模对企业R&D投资的影响，发现公司规模对R&D支出有显著的负向影响，但这种负向影响仅存在于高科技行业。此外，Scherer(1980)的研究认为，企业规模对R&D强度的关系并不是单纯的正相关或负相关。Acs & Audertsch(1987)认为，公司规模对企业R&D投资的影响受行业市场集中度的影响，并且发现，在市场集中度较高的产业中，R&D投资随公司规模的增大而增大，而在市场集中度较低的新兴产业中，小规模公司的R&D投资更大。刘国新和李勃(2001)、柴俊武和万迪昉(2003)的研究认为，公司规模过大或过小都不利于创新，公司规模与R&D存在倒“U”形关系。金玲娣和陈国宏(2001)研究认为，企业规模与R&D投入存在倒“N”形关系，即企业R&D投入随企业规模先递减后递增而后又递减。安同良等(2006)采用问卷调查的形式分析了中国制造业企业的R&D行为，发现行业是影响企业 R&D 活动的最主要因素之一，而企业的 R&D 强度的趋势随规模的增大而成“V”形结构。

(3)公司治理方面。现代公司所有权与控制权的分离产生了委托代理问题，与所有者控制的公司相比，管理者控制的公司倾向于防御战略，对风险更为厌恶(Berle & Means,1932)。Baysinger 等(1991)、Levin 等(1993)认为，企业的 R&D 活动会受公司治理机制的重要影响。在股权结构方面，Holderness & Sheehan(1988)、Hill & Snell(1988)、Francis & Smith(1995)、赵洪江等(2008)、任海云(2010)考察了公司股权结构对公司创新的影响，发现股权集中度对企业 R&D 投资有正向影响。Liddle(1997)、Okamuro & Zhang(2006)、Tribo等(2007)分别基于美国、日本和西班牙的公司数据认为，股东的性质是影响企业 R&D 投资水平的重要因素。Lotta(2003)基于芬兰中小企业的研究考察了不同的所有权结构对公司 R&D 强度的影响，发现所有权结构与企业 R&D 投资强度因股东性质而不同。董事会方面，Eisenhardt & Sehoonhoven (1990)、Quebee 等(2004)的研究表明，董事会规模会对企业的技术创新产生正向的影响。Zahra 等(2000)研究认为，董事会规模过大，会加大董事会成员的沟通与协调难度，也会产生“搭便车”现象，从而不利于 R&D 投资的提高，甚至会起到限制作用。实证表明，董事会规模与 R&D 投入之间存在显著的倒“U”形关系。Wright 等(1996)、Kroll 等(1997)、Chung 等(2003)、Boone 等(2005)、冯根福和温军(2008)的研究认为，外部董事则会对企业创新产生积极的影响，企业的 R&D 投资强度与独立董事所占比例显著正相关。而 Hoskisson 等(2002)、Baysinger(2003)、Zahra 等(2000)的研究发现，内部董事对 R&D 投入的提高有积极的影响，而外部董事则起到了消极的影响，仅仅是促进了公司的兼并收购活动。Zahra 等(2000)研究发现，两职分离对企业 R&D 投资和公司绩效(尤其是公司的长期绩效)都有正向促进作用。管理层激励方面，Nakahara(1997)指出，最高管理层是所有影响企业 R&D投资的因素中最重要的因素之一。Miller(1995)、Zahra 等(2000)、Barker & Mueller(2002)、Cheng(2004)、刘伟和刘星(2007)、刘运国和刘雯

(2007)、冯根福和温军(2008)、周杰和薛有志(2008)认为,对管理者实施股权激励可以缓解委托代理冲突,使两者的利益趋同,并且发现拥有股权的管理者更愿意承担风险,因此,总经理持股有利于企业技术创新投入水平的提高。Hitt等(1997)、Rogers(2002)、Cantista & Tylecot(2008)、唐清泉和甄丽明(2009)认为,经理层对风险的态度会直接影响公司的R&D投入。Ryan & Wiggins(2002,2004)、Chen & Huang(2006)、Wu & Tu(2007)的研究发现,CEO薪酬与R&D投资的关系受薪酬类型的影响。Dong & Gou(2010)研究认为,管理层自利行为会阻碍企业的R&D活动,但存在一个临界值,在临界值之前,R&D投资强度先随着管理层持股的增加而下降,在临界值之后,R&D投资强度先随着管理层持股的增加而增加。其他方面,Hansen & Hill(1991)实证研究发现,机构持股会对企业的R&D投入产生正向的影响。赵洪江等(2009)考察了机构投资者持股对上市公司创新行为的影响,结果显示,我国机构投资者总体上不会对企业的R&D投入产生显著影响,仅开放式基金和封闭式基金会会对企业的R&D投入产生积极的影响。Moncada-Paternò-Castello等(2010)对美国和欧洲企业的R&D投资进行了比较,发现欧洲企业的R&D投资强度要低于美国企业,并认为这是因为美国企业进行R&D投资时更为专业化并且有专门的资金保障。

(4)高管特征方面。在高管任期和年龄研究中,Child(1974)发现,高管年龄对公司创新力度有负向的影响,认为年长高管受体力和精力的限制,相对比较保守,做出组织变革的可能性较小,几乎不会增加R&D投资。Dechow & Sloan(1991)、Westphal & Zajac(1996)、Hambrick & Fukutomi(1999)、Miller(2000)、韦小柯(2006)的研究也发现,CEO任期与企业的R&D投资负相关。而Allen(1981)、刘运国和刘雯(2007)、王德应和刘渐和(2011)认为,高管任期会对企业的R&D产生积极的影响,高管任期越长,更能掌握企业内外部的知识,并且工作经验和决策经验都会显著提高,有能力和动力促进企业的R&D投资。Basma(2010)基于法国公司的数据发现,CEO的任期和年龄与R&D投入存在倒"U"形关系。Bushee(1998)研究发现,企业高管会调整R&D支出来提高任期内企业的盈利预算，而且这种行为在高管上任当年或是离任前一年表现得尤为严重，他们还发现，由于R&D不利于企业的当期收益且投资回收期较长，不会给他们带来较高的短期报酬和红利，因此，在高管将要离任或退休时，削减研发费用的动机更为强烈。在高管教育水平研究中，Hambrick & Mason(1984)、Wally & Baum(1994)、Barker & Mueller(2002)、文芳和胡玉明(2009)、王德应和刘渐和(2011)的实证研究表明，CEO的教育水平对公司R&D投资有显著的正向影响。在高管异质性研究中，O'Reilly & Flatt(1989)、Smith等(1994)认为，高层管理团队的异质性使得团队的沟通更加困难，执行速度更慢，降低了战略的一致性，甚至可能引起团队冲突或使项目搁浅，实证也表明高管团队异质性不利于企业的技术创新。而Eisenhardt & Sehoonhoven(1990)、Wiersema & Bantel(1992)、Bantel & Jackson(1989)、Carpenter(2004)则持有相反的观点，他们认为，高管团队异质性表明团队的专业技术技能更为多样化，有更多不同观点的交流，团队拥有更广泛的认知资源和更宽领域的见解，因此，会带来更多的创新和成功。Schnatterly & Johnson(2008)的研究表明，企业的CEO也会受企业R&D投入的影响，高水平的R&D投入和良好的销售业绩有利于公司内部成员成为CEO。

(5)政府补助方面。关于政府补助是否促进企业R&D投资，也得到学术界广泛的关注。现有观点主要有激励效应、挤出效应。①激励效应认为，政府对R&D的税收优惠和财政补贴能够刺激私人持续增加R&D投资。Capron(1997)考察了G7国政府科技投入对企业研发活动的影响，发现政府长期资助的领域内对企业的研发有显著的推动作用。Howe & MeFetridge(1976)、Levin & Reiss(1984)、Holemans & Sleuwaegen(1988)、Antonelli(1989)、Klette & Moen(1998)、Lach(2002)、Czarnitzki & Fier(2002)、Streicher等(2004)、Hyytinen & Toivanen(2005)、Duguet(2006)、李丹蒙和夏立军(2008)、解维敏和方红星(2009)、Lee & Cin(2010)、许治和师萍(2012)基于加拿大、美国、比利时、意大利、挪威、以色列、德国、奥地利、芬兰、法国、中国、韩国等发现，公共财政激励发挥了积极的效果，能够缓解资本市场不完善对企业

R&D投入的负向影响。Hall & Reenen(2000)、Bloom(2002)、Streicher等(2004)基于美国、OECD国家的数据考察了相关税收优惠对R&D投资的影响,结果显示,企业R&D投入水平与税收优惠显著正相关。Özçelik & Taymaz(2008)采用土耳其制造业公司的数据分析了公共R&D投资对企业R&D投资的影响,发现公共R&D投资对企业R&D投资有积极的影响,尤其是对中小企业的R&D投资。②挤出效应认为,政府R&D补贴使私人R&D投资减少,政府R&D补贴挤出了企业的R&D投资。Wallsten(2000)考察了政府R&D资助项目对企业R&D投资的影响,发现政府R&D资助项目对中小科技企业的R&D投入并没有发挥激励效应,反而挤出了企业的R&D投资,使企业的R&D投资减少。Nicolas(2008)的研究表明,公共研发对规模较大的研发投资者的私人投资产生了挤出效应。Blank & Stigler(1957)利用跨行业的制造业公司的数据发现,政府科技补助一方面发挥了"牵引效应",使得整个社会的R&D投资增多,但当企业获得政府补助时又必定会减少自身的R&D投资,产生了"替代效应",并且前因效应和替代效应的强度受市场集中度的影响,在市场集中度高的行业,"牵引效应"较明显,而在低集中度行业,"替代效应"较显著。Nadri & Mamuneas(1991)的研究认为,政府科技投入对不同的企业的研发会产生不同的影响,对接受资助的企业产生明显的"牵引效应",由于"技术外溢"的存在,会使没有接受资助的竞争对手获益,从而对没有接受资助公司的研发投入产生替代效应。Holger & Strobl(2007)以爱尔兰公司为样本,对政府资助与公司R&D支出之间的关系进行了实证检验,发现政府R&D补贴与企业R&D投入存在倒"U"形关系,政府提供国内厂商少量适中的补贴能够发挥激励效应,增加企业的R&D费用,然而补贴过多则发挥了挤出效应,减少了企业的R&D费用。

2. 企业R&D投资的融资方面的影响因素

(1)负债融资。Long & Malltaz(1983)研究表明,企业R&D投资率与负债存在负相关关系。Bhagat & Welch(1995)比较了美国、日本、加拿大、英国等国企业R&D投入的影响因素,发现美国企业的资产负债率对R&D投入有显著的负向影响，并且这种影响在小企业中更明显。而日本企业R&D投入随资产负债率的增大而增大，加拿大、英国的企业R&D投资与资产负债率无显著相关关系。因此，相对于其他国家，美国借贷者更愿意借贷给R&D项目。Prowse(1998)认为，相比于其他投资，R&D投资取决于管理者的决策，高度的信息不对称使得债权人无法对其实施有效的监督，是管理者从债权人和股东手中转移资产的渠道。债权人对风险较高的项目较为保守，不会积极支持企业从事R&D活动。Bah & Dumontier(2001)比较分析了欧洲、日本、英国和美国企业的财务政策对企业R&D的影响，发现负债比率越高，企业的R&D投资强度越低，企业负债对企业R&D有负向的影响，R&D强度高的公司很少使用负债融资。Hall(2002)认为，R&D投资缺乏抵押价值，而债权人更倾向于贷款给具有抵押价值的固定资产投资，因此，企业以负债来支持R&D活动较为困难。此外，R&D投资产生的现金流并不稳定，而偿付负债利息需要稳定的现金流，因此，企业也不愿意采用负债的方式来支持R&D活动。Baldwin、Gellatly & Gaudreault(2013)基于加拿大新兴小企业的研究发现，低负债的公司R&D投资比率较高，而高负债公司的R&D投资受到约束，并且实证表明企业的长期债务与R&D投资负相关。Chiao(2002)比较了科技型公司和非科技型公司中企业负债与R&D投资的关系，发现在科技型公司中企业负债率与R&D投资负相关，而非科技型公司中企业负债率与R&D投资正相关。Carpenter & Petersen(2002)考察了高科技企业的R&D融资问题，认为由于资本市场的不完善，高科技企业R&D投资的信息不对称程度较高，很难获得债务融资，实证研究表明，大部分小型高技术公司面临债务融资约束，极少数的公司采用外部融资。Nam、Ottoo & Thornton(2003)研究发现，高负债的公司倾向于低水平的研发，企业负债率的提高约束了企业的研发投资。Sungcheon Kang(2004)的研究认为，由于管理层对债权人承担有限责任，高负债的公司如果研发成功，公司股东可以获得超过负债的额外收益，如果研发失败，公司的大部分损失将由债权人承担。因此，高负债的公司更愿意从事R&D活动。实证研究发现，公司R&D投资与资产负债率呈"U"

形关系。Aghion 等(2004)的研究认为,负债高的企业很少进行 R&D 活动,实证结果表明,企业的负债与 R&D 投资负相关。Singh & Faireloth(2005)基于美国制造业公司的数据考察了负债的杠杆效应对企业 R&D 投资的影响,发现企业负债对企业的 R&D 投资有负向的影响。Lise(2006)认为,负债的增加能够促进为提高企业长期盈利能力的 R&D 投资的提高,基于瑞典小型高科技企业的研究也发现,银行债务融资是企业融资的主要来源。Ogawa(2007)采用日本制造业企业的数据考察了负债与 R&D 的关系,发现负债与企业 R&D 显著负相关,同时发现 R&D 投资对全要素生产力的增长有直接的影响,因此,在 1991—2001 年资产负债率的增长降低了企业的 R&D 活动,也间接地导致公司水平的全要素生产力的增长。David 等(2008)深入分析了不同负债类型与企业 R&D 投资的关系,发现交易型债务(比如二级市场上的债务合约、债券)与企业的 R&D 投资负相关,而关系型债务(比如银行贷款)与企业的 R&D 投资正相关。Gustav(2009)深入考察了企业负债对企业 R&D 投资的影响,发现企业负债率在 60%的水平时,企业长期负债对 R&D 投资有正向的影响,而当债务率太高或太低的时候,长期负债对 R&D 投资有负向的影响。

刘斌和岑露(2004)认为,企业负债率越高,企业违约的可能性越大,而且 R&D 费用降低了当期的利润,为了保护股东和管理层的利益,企业不会积极从事 R&D 活动,实证结果表明,资产负债率对企业的 R&D 费用有显著的负向影响。戴跃强和达庆利(2007)认为,若公司通过举债来从事技术创新活动,债权人出于对自身利益的保护会要求较高的债务利息率,同时高负债的公司所面临的破产风险也较高,这导致公司不愿意通过负债来为创新融资,实证研究也表明,公司的负债低,企业的技术创新投入越多。刘笑霞和李明辉(2009)的研究则没有发现企业的财务杠杆与研发活动间存在显著关系。吕民乐和王晓虎(2010)基于汽车制造业公司的样本数据发现,企业 R&D 投资随负债率的提高而上升,认为我国银行贷款对投资存在“软约束”,债权人对公司的投资行为难以进行约束,并且股东与债权人之间的冲突很容易引发对风险项目的扩大投资。文芳(2010)认为,债务约束是导致我国 R&D 投资不足的重要因素之一,并比较分析了不同债务来源与企业 R&D 投资的关系,发现公司负债水平与 R&D 存在显著的负相关关系,相比于银行贷款,商业信用对公司 R&D 投资具有更显著的负面影响,相比于国有控股公司,负债与 R&D 投资的负相关关系在私有控股公司中更为显著。柴斌锋(2011)采用民营上市公司的数据发现,资产负债率与企业的研发密度显著负相关。刘胜强和刘星(2011)比较分析了不同成长机会下负债水平与 R&D 投资的关系,认为不同公司负债对企业 R&D 投资的作用机理不同,低成长公司,负债的存在有效约束了管理者过度投资行为,而高成长公司,由于债务契约代理成本导致 R&D 投资不足,这两种情况都会导致负债对企业的 R&D 投资存在负向影响,实证也表明,在全样本公司、高成长公司、低成长公司中负债水平与 R&D 投资负相关。

(2)权益融资方面。Bhagat & Welch(1995)比较分析了美国、英国、加拿大、欧洲及日本的 R&D 活动,发现相比于其他国家,美国和英国的 R&D 投资受股票收益预期的影响更为强烈。Müller & Zimmermann(2009)基于德国中小企业的样本考察了权益融资与企业研发的关系,进而考察了企业年龄对这种关系的影响,发现企业的研发更依赖权益融资,企业的权益比例与 R&D 投资显著正相关,但这种正相关关系仅存在于年轻企业中。Carpenter & Petersen(2002)的研究发现,IPO 形式的权益融资在小高科技企业中,能够在企业规模的范围内大幅增加,说明小高科技企业的研发更依赖于权益融资。Brown & Petersen(2010)基于美国制造业数据的研究发现,新兴企业外部股权融资对企业 R&D 活动有很大的影响,外部股权融资的波动对 R&D 投资规模有直接的影响。

刘振(2011)的研究发现,股权融资和内源融资对高科技企业 R&D 投资有显著的负向影响,而负债融资对 R&D 投资没有显著影响,表明内源融资和股权融资是高科技企业 R&D 投资的主要来源。

1.3.2 融资约束的研究综述

1. 国外研究

融资约束对公司经营决策的影响是公司金融学中的重要研究领域。从现有的文献来看,大多是关于融资约束下企业投资决策的研究。Fazzari、Hubbard & Petersen(1988,2000)首先将融资因素引入到了投资模型中,以基于信息不对称问题的优序融资理论为基础,考察了不同融资约束程度下美国企业投资与内部现金流的敏感性问题,其结果显示,企业投资—现金流敏感性受融资约束的正向影响,从而验证了融资约束的存在。此后不同的学者分别以不同的标准划分融资约束水平,从不同角度验证融资约束与现金投资流敏感性之间的关系,但并没有形成一致的结论。到目前为止,主要存在两种结论,一种是支持FHP(Fazzari、Hubbard & Petersen的简称)的研究,认为融资约束与投资—现金流敏感性存在正相关关系。另一种则持相反的结论,认为融资约束与投资—现金流敏感性存在负相关关系。本书将这两种结论的研究分别进行回顾。Hoshi、Kashyap & Scharfstein(1991)基于日本上市公司的样本,按照公司是否为大型上市公司集团成员对公司进行分类,实证结果表明,大型上市公司集团更容易获得外部融资,并且这类公司受到的融资约束较小,公司投资对现金流的敏感性较小。Lewent & Kearney(1990)、Froot等(1993)的研究发现,企业的战略投资活动受内部现金流波动的显著影响,认为外部融资约束的存在使得企业必须保留一定的内部现金流进行投资,否则很可能错失好的投资项目。Devereux & Schiantarelli(1990)、Athey & Laumas(1994)、Pawlina & Renneboog (2001)、Gelos & Werner(2002)、Gugler(2003)、Pawlina & Renneboog(2005)、Gangopadhyay等(2004)、Arslan等(2006)依据不同的企业融资方式,发现融资约束程度与企业投资—现金流敏感性正相关,高融资约束公司相对于低融资约束公司(集团公司)具有更高的投资现金流敏感性。Houston & James(2001)基于美国上市公司的数据,以公司的债务结构作为分类标准进行分类,经过实证研究表明,相比于以私募作为公司主要债务来源的公司，以银行借款作为主要债务来源的公司所面临的融资约束更小。Kaplan & Zingales(1997,2000)、Cleary(1999)却对此有不同的结论。他们研究发现，投资—现金流间的敏感性并不能作为公司融资约束存在的证明，此外，他们还发现公司融资约束和投资—现金流敏感性之间呈负相关关系。Kadapakkam 等(1998)基于经济合作与发展组织(OECD)部分国家的公司样本数据，以企业的规模为标准对样本分融资约束组和非融资约束组，结果发现，非融资约束组(小规模公司)的投资现金流敏感性低于融资约束组(大规模公司)。Pratap(2003)的研究发现，拥有丰富现金流的企业可能存在较高的投资—现金流敏感度，而在金融约束严重的企业中则存在较低的投资—现金流敏感度。Gomes(2001)将融资因素加入投资模型中，考虑了企业外部融资所带来的额外成本，其理论模型结果显示，融资约束并不是投资—现金流敏感性的必要条件。Alti(2003)构建的无融资摩擦模型的公司投资与增长模型表明，投资—现金流间的敏感性只能在无融资摩擦的市场中才会产生，然而现实世界是不完美的，因此显著的投资—现金流敏感性并不能说明融资约束的存在。Platikanov(2006)的研究发现，融资约束低的企业反而投资现金流敏感度高，更进一步，存在财务困境的企业反而有较低的现金流敏感性。Pallathitta(2007)对印度企业集团的研究发现，现金流敏感性模型无法很好地描述企业融资约束状况。

在对企业融资约束的缓解方面，Deloof(1998)基于比利时的企业集团研究发现，相比于独立公司，依赖于内部资本市场的集团公司所面临的融资约束较低，并认为内部资金市场的存在能够有效地缓解成员企业所面临的融资约束。Pagano 等(1998)考察了企业信贷记录对企业融资约束的影响，认为良好的信贷记录能够提高企业的声誉，帮助降低企业外部融资的成本，从而有效缓解企业的融资约束。Seipel & Tunnel(2000)、Copley & Douthett(2002)研究认为，对于 IPO 公司来说，好的审计意见能够提高公司的声誉，向市场传递公司良好资产质量的信号，有助于增强投资者的信心，从而提高该公司股票的市场价格，有效地缓解企业的融资约束问题。Love(2003)认为，发达的金融发展水平能够确保投资者获得企业投资决策的信息，通过减少契约不完备所导致的资本市场的不完善来减轻企业的融资约束，其实证研究表明，企业的融资约束水平与金融发展水平负相关，并且这种负相关关系在小企业中更为强烈。Demirguc-Kunt & Maksimovic(2000)、Khurana(2006)认为，金融发展水平的提高能够减少信息不对称，提高资源配置效率，使企业能够更容易获得外部资金，并且能够为企业提供充足的外部资金。Fisman 等(2003)、Burkart 等(2004)从理论角度讨论了商业信用对融资约束的缓解作用，认为在信息不对称条件下，受到融资约束的企业，往往会转而求助于卖方提供的商业信用，因此，商业信用确实能缓解企业受到的融资约束。Cull & Xu(2003)发现，企业的融资约束与其经营表现有密切的关系，良好的经营能给银行一个具有稳定的未来现金流的信号，使得企业比较容易获得银行贷款，减轻企业的融资约束。Arslan 等(2006)认为，企业现金持有能够避免高昂的外部融资成本，降低企业外部融资约束的影响。Islam & Mozumdar(2007)基于 31 个国家的公司样本数据发现，公司投资与现金流的敏感性在不发达国家更为强烈。Agca & Mozumdar(2008)考察了资本市场的不完善性对投资—现金流敏感性的影响发现，随着资本市场完善性因素的提高，企业投资—现金流敏感性下降。Poncet 等(2010)考察了中国企业的融资约束问题，发现民营企业存在融资约束问题，而国有企业和外资企业则没有，在对民营企业融资约束的缓解方面，外资在地理上和部门间的分布发挥了积极的效应，而国有企业在地理上和部门间的分布则产生了负向的影响。

在企业投资面临融资约束时，Bond(2003)发现，企业往往会放弃风险较大的研发投资以及其他无形资产投资。Acharya 等(2005)、Han & Qiu(2005)、Chang 等(2007)、Almeida 等(2011)认为，融资约束是企业现金持有量的重要影响因素。Almeida & Campello(2004)研究发现，在存在融资约束的情况下，企业将会减少固定资产投资，放弃一些 NPV 为正的投资项目。Pinkowitz & Williamson(2003)基于美国非金融和非公用事业公司的数据研究了外部融资约束对公司现金持有量市场价值的影响，发现公司现金持有量的市场价值随融资约束程度的降低而提高。Gomes 等(2006)考察了融资约束下的资产定价问题，显示企业融资约束虽然会系统影响股票价格和收益，但并不会影响公司股票收益波动或系统风险，而是具有直接的定价作用。Faulkender & Wang(2006)、Denis & Sibilkov(2007)、Dittmar & Mahrt-Smith(2007)利用股利支付率、公司规模、长期债权等级和商业票据等级的划分标准，对融资约束和非融资约束公司现金持有的边际价值差异进行了考察，发现融资约束公司的现金持有量具有较高的边际价值。Sapriza & Zhang(2004)、Hale 等(2007)的研究认为，融资约束的存在使得企业可能采取激进的融资策略，实证结果表明，融资约束会显著影响企业股票价格水平以及股票价格波动性。Greenaway 等(2007)、Bellone 等(2010)、Nagaraj(2010)、Forlani(2010)分别基于英国、法国、印度和意大利的公司样本数据考察了融资约束对出口参与决策的影响，发现企业的出口参与决策受企业融资约束的显著影响，具体而言，高融资约束的企业会因为无法克服沉没成本而不能进入出口市场。Campello 等(2010)以美国、欧洲和亚洲等地公司为样本，通过问卷调查研究了金融危机后不同地区公司的融资约束状况，结果表明，融资约束的存在使得公司在危机期间放弃了很多有吸引力的项目，并且通过现金持有来缓解公司受到的融资约束，融资约束程度越高，公司持有的现金更多。Muuls(2008)、Berman & Hericour(2010)分别采用比利时和 9 个发展中国家的公司数据研究了融资约束对企业出口扩展边际和集约边际的影响，发现融资约束对企业的出口参与决策有重要的影响。

2. 国内研究

国内关于融资约束研究相对较晚，并且主要是关于不同融资约束程度的公司中投资与现金流敏感性的差异性研究。冯巍(1999)采用沪深两市的 135 家制造业公司的样本数据，发现企业内部现金流是企业投资的重要影响因素，并且在低股利、非国家重点企业和主办银行制度的企业中影响更为显著，从而证实了中国企业融资约束的存在。何金耿(2001)的研究认为，融资约束的存在是导致企业投资与现金流存在显著性的主导因素。郑江淮、何旭强和王华(2001)从股权结构角度考察了中国上市公司投资的融资约束问题，其结果表明，国家股比重较高的公司存在外源融资约束现象，而国家股比重较低的公司则没有明显的迹象。姜秀珍、全林和陈俊芳(2003)发现，由于融资约束的存在，大规模公司投资依赖于内部现金流，投资与内部现金流之间存在显著的敏感性。魏锋和刘星(2004)的实证研究证实了我国上市公司融资约束的存在，发现融资约束与公司投资—现金流敏感性间存在显著的正相关关系，并且研究还表明，融资约束能够在一定程度上减轻市场的不确定性对公司投资的影响。张翼和李辰(2005)考察了终极控制人属性对公司投资—现金流敏感性的影响，结果表明，企业投资—现金流敏感性受最终控制人类型的影响，并且在国有和地方政府企业中，这种敏感性会随第一大股东持股比例的增加而减少。连玉君和程健(2007)基于中国上市公司的研究则表明，融资约束轻的公司表现出更强的投资—现金流敏感性，存在过度投资问题，并认为这是代理问题所导致的。郭丽虹和马文杰(2009)研究了国有企业与民营企业的投资—现金流敏感性，发现民营上市公司的投资对企业现金流更为敏感，尤其是在面临较高融资约束的公司中。屈文洲等(2011)以信息不对称指标 PIN 值作为融资约束的分类指标变量，发现相对于信息不对称程度低的公司，信息不对称程度高的公司的投资—现金流敏感度更高。

张纯和吕伟(2007)考察了机构投资者持股对国有和民营企业融资约束和约束能力的影响，结果发现，国有企业的融资约束程度要低于民营企业，机构投资者的提高能够降低民营企业受到的融资约束，但对国有企业没有作用。李焰等(2007)采用复星集团的案例研究表明，企业集团化运作能够在短期内提高企业的融资能力，减轻企业所受到的融资约束，但会增加企业的财务杠杆和财务风险。潘越和戴亦一(2008)考察了双重上市行为对公司融资约束程度的影响，利用投资—现金流敏感度来度量企业遭受到的融资约束程度，结果表明，双重上市公司融资约束得到缓解，公司投资—现金流敏感度显著减小。邵军和刘志远(2008)考察了企业集团内部资本市场对成员企业融资约束的影响。他们分析了中国特殊的制度背景，发现通过内部资本市场能够放松集团成员融资约束的功能，通过内部资本市场的资金配置，集团成员企业所面临的融资约束得到缓解，但对与控制权与现金流权分离程度较大的集团成员，企业的融资约束没有缓解效应。李焰和黄磊(2008)研究了融资约束对上市公司股票价格波动的影响，发现融资约束能够放大上市公司的股票价格波动。李斌和江伟(2006)、饶华春(2009)、沈红波等(2010)、李科和徐龙炳(2011)考察了我国金融发展对企业融资约束的缓解作用，实证结果显示，我国上市公司普遍存在融资约束，金融发展水平的提高能够有效缓解企业受到的融资约束，并且对民营企业的缓解效应更强烈。连玉君、彭方平和苏治(2010)分别从静态和动态角度考察了融资约束对上市公司流动性管理行为的影响，认为融资约束公司将会实施更为积极的流动性管理政策，会将较多的现金流以现金或现金等价物的方式留存于公司内部，以应对后续投资，其实证结果表明，融资约束公司表现出较强的现金流敏感性，并且其流动性的调整速度也明显快于非融资约束公司。石晓军和张顺明(2010)的研究表明，商业信用对融资约束有显著的缓解作用，从而通过资源配置机制进一步促进规模效率的提高。许志伟等(2010)在新凯恩斯主义框架下探讨了融资约束冲击的动态特征，其理论模型显示，在金融危机时期，盯住通货膨胀和产出缺口的货币政策能够有效对冲投资融资约束冲击的负面影响。

1.3.3 企业 R&D 投资的融资约束研究综述

虽然企业对 R&D 投资越来越重视，但由于信息问题、高度的不确定性以及抵押价值的缺乏等不同于普通投资的特点，R&D 投资相比于其他投资面临更高的融资约束(Brown 等，2009)。Hall(1992)采用 R&D 投资的加速模型，基于美国制造业公司的样本发现，R&D 投资对内部现金流有较显著的敏感性，认为融资约束而不是需求弹性阻止了公司的 R&D 投资。Himmelberg & Petersen(1994)利用美国高科技行业公司的面板数据发现，R&D 投资与内部现金流有显著的相关性，并且指出早期的研究之所以没有发现内部融资对 R&D 投资的重要性，是因为他们主要针对大公司，而相比于小公司，大公司很少受到融资约束。而 Bhagat & Welch(1995)在美国、加拿大、英国、欧洲大陆及日本的跨公司研究中发现，R&D 投资与现金流之间并没有相关性。Harhoff(1998)发现，德国小企业 R&D 投资现金流具有显著敏感性，并且认为德国小公司的 R&D 投资可能存在融资约束问题。Hall 等(1999)利用一个 VAR 模型发现，R&D 投资对现金流的敏感性在美国公司要高于法国和日本公司。Mulkay 等(2001)的研究也表明，现金流对 R&D 投资和固定资产投资的影响在美国要大于法国。Bond 等(2003)比较分析了德国和英国大型制造业企业 R&D 投资对现金流的敏感性，发现现金流的波动对 R&D 投资的影响并不显著，但又认为相比于德国企业，英国企业面临更为严重的融资约束，企业在做出诸如 R&D 的长期项目时更为谨慎，现金流影响企业的 R&D 投资决策。Bougheas 等(2003)基于爱尔兰制造业公司的数据考察了流动性约束对 R&D 投资的影响，发现这些公司 R&D 投资存在融资约束。Bloch(2005)基于丹麦公司的数据发现，企业的 R&D 决策受资本市场不完善的影响，与内部现金流存在显著相关关系。Rauh(2006)基于美国公司的研究也表明，企业内部现金流对企业 R&D 投资没有影响。而 Canepa & Stoneman(2009)基于英国公司的研究表明，融资因素对企业创新活动有显著的影响，并且对高科技部门和小企业的影响更为严重。Brown(2009)研究发现，现金流和普通股的发行对美国年轻公司的 R&D 投资有重要的影响，而对成熟企业 R&D 投资的影响较小。Hall & Lerner(2010)认为，现有的关于融资约束对企业 R&D 重要性的证据远远没有确定的结论。解维敏和方红星(2011)认为，地区金融的发展能够拓展企业 R&D 融资的渠道，增加 R&D 融资的来源，可以有效推动企业的 R&D 投入，实证研究也表明，金融发展水平与企业 R&D 投入显著正相关，并且这种正相关关系在小规模企业和私有产权控制的企业更为强大。贺勇和刘冬荣(2011)认为，企业集团内部资本市场比外部资本市场为企业的 R&D 活动提供了更便利的资金，采用民营企业为样本的实证结果也表明，民营企业的 R&D 投资受到融资约束，高现金流的上市公司更容易获得集团控制型上市公司的控股股东的支持，高科技上市公司的 R&D 投入与集团内部资金存在正相关关系。

1.3.4 研究中存在的问题与不足

总体而言，国外学者对企业R&D投资和融资约束进行了深入和系统的研究，无论是理论模型还是实证证据都比较丰富，这无疑为研究我国企业R&D投资的融资约束及其缓解机制奠定了很好的思考背景与理论基础。然而，目前国内直接研究企业R&D投资中融资约束的理论和经验证据并不多见。近年来，我国上市公司R&D投资问题已引起了国内学者的关注，也对这一问题展开了研究，并且取得了一定的成果。综观国内外相关的研究文献，从融资角度考虑企业R&D投资的研究偏少。虽然国内外学者一般基于委托代理理论、企业基础资源理论、高层梯队理论等从不同的角度对我国企业R&D投入不足的原因进行了大量的研究，主要包括企业特征、公司治理、高管特征、外部环境等方面，但为其提供资金的融资渠道无疑是关键的因素之一。然而遗憾的是，很少有人关注企业R&D投资的融资问题。而从融资约束的角度来考察企业R&D投资的研究更少，有关融资约束的研究更多侧重于固定资产投资。虽然有少部分国内学者讨论了企业R&D投资的融资约束问题，但更多的是侧重于理论和调查研究，实证方面的研究偏少。此外，企业融资约束的缓解机制研究相对缺乏，并且大多侧重于固定资产融资约束的缓解，鲜有关于R&D投资的融资约束的缓解机制研究。

1.4 本书研究的主要内容

鉴于目前国内对我国上市公司R&D投资的融资约束的研究还比较少，因此，本书选择中国上市公司R&D投资的融资约束研究作为题目。本书考察了我国上市公司R&D投资的融资约束现象，分析了不同产权性质和成长阶段的企业的R&D投资所面临的融资约束差异，进而考察公司治理（包括董事会和机构投资者持股）和金融发展对企业R&D投资的融资约束的缓解效应。本书分为八个部分，主要内容按章节安排如下：

第1章为绪论。本章主要阐述了本书的选题背景、目的及意义，对主要概念进行了界定，评述了国内外相关文献，给出了本书的主要内容以及主要创新点。

第2章为R&D投融资特征及现状分析。本章首先分析了企业R&D的主要阶段以及资金需求、R&D投资不同于普通投资的特性，其次分析了我国R&D投资总体和企业R&D投入情况，最后分析了企业R&D活动的融资方式以及我国R&D融资现状。

第3章为企业R&D融资约束的理论分析。本章主要介绍了企业融资理论，分析了企业R&D投资的融资困境，基于企业融资约束理论分析了企业R&D投资存在融资约束的信息不对称和代理成因，在此基础上进一步比较了不同产权性质和成长阶段下我国企业R&D投资的融资约束的差异。

第4章为企业R&D融资约束的检验。基于第3章的理论分析，本章选取了合适的度量模型——欧拉方程，应用GMM方法考察我国上市公司R&D投资对企业现金流的敏感性，以检验是否存在外部融资约束，并且对不同企业产权性质和成长阶段下企业R&D投资面临的融资约束是否存在差异进行验证。

第5章为公司治理缓解企业R&D融资约束的机理分析。本章首先分析了公司治理对企业R&D投资的融资约束的影响，考虑了董事会治理和机构投资者持股两种公司治理机制，其中董事会治理又包括为董事会规模和独立董事，主要具体分析了这些公司治理机制是如何降低企业R&D投资面临的融资约束的。

第6章为公司治理对企业R&D融资约束的缓解效应的实证研究。本章主要包含三个方面的实证分析：①董事会规模对企业R&D投资的融资约束的影响的实证研究，考察董事会规模对企业R&D投资的融资约束是否具有缓解效应；②独立董事比例对企业R&D投资的融资约束的影响的实证分析，考察独立董事比例对企业R&D投资的融资约束是否具有缓解效应；③机构投资者持股对企业 R&D 投资的融资约束的影响，考察机构投资者持股对企业 R&D 投资的融资约束是否具有缓解效应。此外，本章还依据结论给出了相应的政策建议。

第 7 章为金融发展缓解企业 R&D 融资约束的机理分析。本章首先分析了制度环境中的金融发展的功能，并在此基础上分析了金融发展如何从数量和成本两个方面来降低企业 R&D 投资面临的融资约束的。

第 8 章为金融发展对企业 R&D 融资约束的缓解效应的实证研究。本章主要检验了金融发展对企业 R&D 投资的融资约束的缓解效应，并进一步考察了企业产权性质和成长阶段对这种缓解效应的影响，还依据结论给出了相应的政策建议。

第 9 章为本书的结论与研究展望。本章主要归纳了本书的研究结论，并给出了未来研究的方向。

1.5 研究方法和技术路线

本书在相关研究文献的基础上，以新制度经济学、公司金融、公司治理、技术创新以及计量经济学等相关理论为指导，采用规范分析与实证研究相结合、定性分析与定量分析相结合、比较分析和综合分析相结合的方法完成研究。全书遵循“提出问题→分析问题→解决问题”这样的研究思路进行。首先根据研究背景和文献综述提出所要研究的问题，其次对企业 R&D 投资的融资约束为何存在以及公司治理、金融发展对企业 R&D 投资的融资约束的缓解效应进行理论分析，然后根据问题建立模型并进行实证分析，最后得出研究结论。本书的技术路线如图 1-1 所示。

在具体的投资计量模型选择上，本书采用了更适用于我国资本市场的欧拉方程来对我国企业 R&D 投资是否存在融资约束进行检验，并以此模型为基础，考察公司治理、金融发展对企业 R&D 投资的融资约束的缓解效应。由于在本书的模型中均采用被解释变量的滞后项作为解释变量，从而导致这两

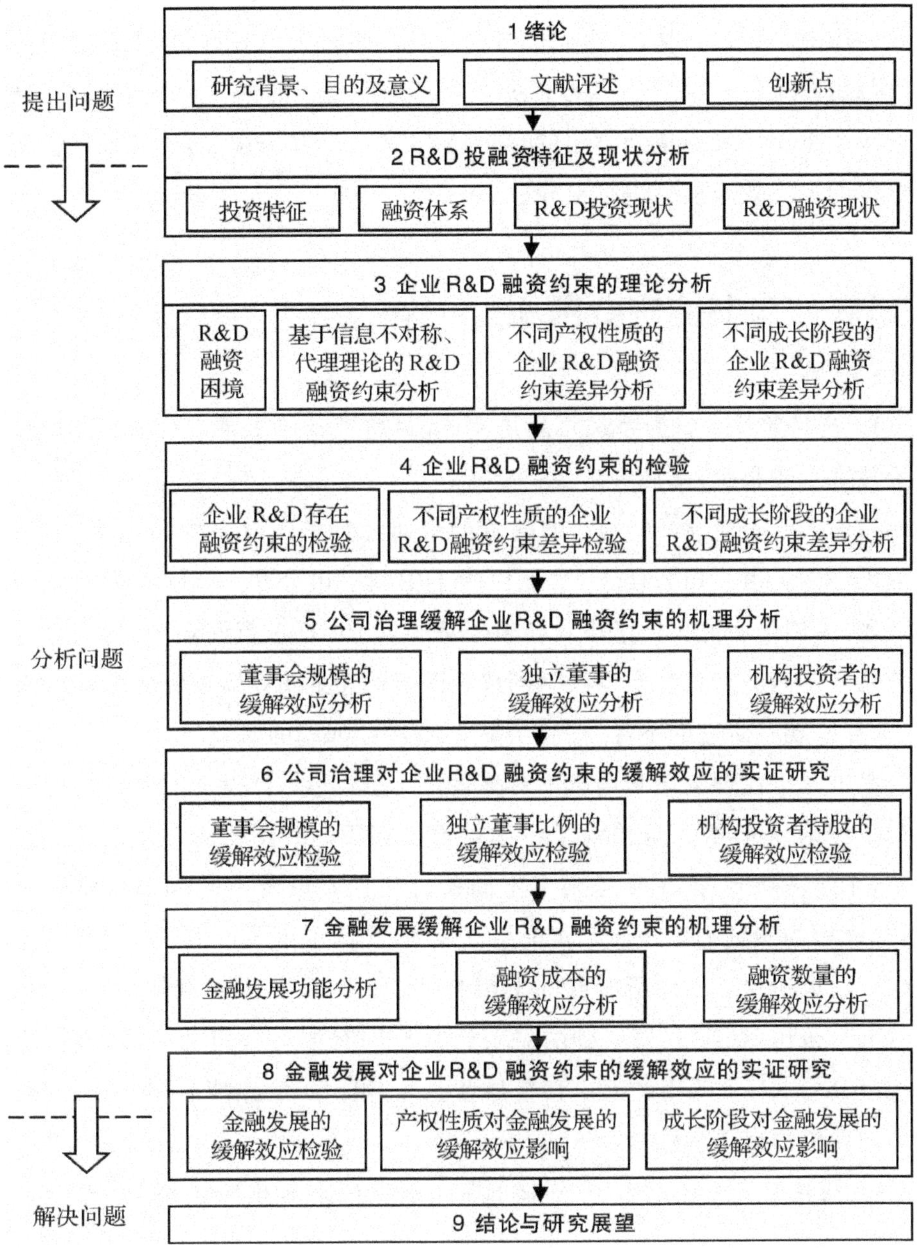
提出问题
1 绪论
研究背景、目的及意义
文献评述
创新点
2 R&D投融资特征及现状分析
投资特征
融资体系
R&D投资现状
R&D融资现状
3 企业R&D融资约束的理论分析
R&D融资困境
基于信息不对称、代理理论的R&D融资约束分析
不同产权性质的企业R&D融资约束差异分析
不同成长阶段的企业R&D融资约束差异分析
4 企业R&D融资约束的检验
企业R&D存在融资约束的检验
不同产权性质的企业R&D融资约束差异检验
不同成长阶段的企业R&D融资约束差异分析
分析问题
5 公司治理缓解企业R&D融资约束的机理分析
董事会规模的缓解效应分析
独立董事的缓解效应分析
机构投资者的缓解效应分析
6 公司治理对企业R&D融资约束的缓解效应的实证研究
董事会规模的缓解效应检验
独立董事比例的缓解效应检验
机构投资者持股的缓解效应检验
7 金融发展缓解企业R&D融资约束的机理分析
金融发展功能分析
融资成本的缓解效应分析
融资数量的缓解效应分析
8 金融发展对企业R&D融资约束的缓解效应的实证研究
金融发展的缓解效应检验
产权性质对金融发展的缓解效应影响
成长阶段对金融发展的缓解效应影响
解决问题
9 结论与研究展望

图1-1 本书技术路线

个动态方程的解释变量存在内生性问题，如果应用面板数据的随机效应或者固定效应对模型进行估计，得到的参数估计值将是一个有偏的、非一致的估计量，因此，基于估计结果产生的经济含义也肯定是扭曲的。为克服这个问题，我们采用系统广义矩估计方法（简称 GMM 方法），并采用混合 OLS 方法和面板数据的固定效应模型进行检验。

1.6 本书的主要创新点

1. 应用欧拉方程和系统广义矩估计，构建了我国上市公司 R&D 投资的融资约束度量模型，并进行了实证分析

目前关于企业 R&D 投资的融资约束研究集中于欧美发达国家，本书的研究以中国上市公司为样本，实证检验了中国上市公司 R&D 投资的融资约束问题，为国际研究提供了来自转轨经济国家 R&D 融资问题的研究，并进一步考察了不同所有权性质以及不同成长阶段的企业 R&D 投资的融资约束差异，弥补了现有研究的不足，拓展了 Brown 等(2009)的研究。

本书基于代理理论和信息不对称理论对企业 R&D 投资的融资约束问题进行了理论分析，并实证检验了中国上市公司 R&D 投资是否存在融资约束问题，在此基础上，进一步考察了不同所有权性质以及不同成长阶段的企业 R&D 投资的融资约束差异。实证结果表明：我国上市公司 R&D 投资普遍存在融资约束现象。不同所有权的上市公司 R&D 融资约束的存在显著差异，民营上市公司 R&D 投资受到的融资约束比国有上市公司大；不同成长阶段的上市公司 R&D 融资约束也存在显著差异，相比于成熟期公司，成长期公司受到的融资约束更为强烈。

2. 构建了公司治理缓解企业 R&D 融资约束的检验模型，并进行了实证分析

已有大量的国外研究表明，公司治理能够缓解资本市场上的信息不对称和代理问题。然而目前国内外的研究侧重于公司治理对企业绩效和固定资产

投资的融资约束的影响研究，还未有专门针对公司治理与企业的 R&D 融资约束关系的研究。本书考察了公司治理机制对企业 R&D 融资约束是否具有缓解效应。本书为研究企业 R&D 融资约束的缓解机制提供了一个新的重要视角，为我国公司治理的改善提供了经验证据，进一步丰富了现有的关于公司治理和企业 R&D 融资约束研究的理论成果。

本书首先考察了公司治理机制中董事会治理在缓解企业 R&D 融资约束方面的有效性，并具体从董事会规模和独立董事两个方面进行考察；其次，本书检验了公司治理机制中机构投资者持股对企业 R&D 融资约束的缓解效应。实证结果表明：董事会规模的提高不能缓解企业 R&D 面临的融资约束问题；独立董事显著缓解了企业 R&D 面临的融资约束，上市公司独立董事比例越高，其 R&D 投资面临的融资约束越小；机构投资持股显著缓解了企业 R&D 面临的融资约束，机构投资持股比例较高的企业，其 R&D 面临的融资约束较小。

3. 构建了金融发展缓解企业 R&D 融资约束的检验模型，并进行了实证分析

近年来国内关于金融发展与经济增长关系的研究逐渐从宏观层面转为微观的企业层面，探讨了金融发展对微观企业行为的影响，但这些研究更多的是侧重于金融发展对企业的固定资产投资中融资约束的缓解作用。而有研究显示，企业 R&D 投资对生产率的贡献要显著高于其他投资对生产率的贡献，因此，考察金融发展对企业 R&D 融资约束的影响能够更好地理解金融发展与经济增长的关系，遗憾的是，目前鲜有关于金融发展对企业 R&D 投资的融资约束的影响的研究。

基于此，本书研究了金融发展对经济增长的具体渠道，考察了金融发展对我国企业 R&D 投资的融资约束是否具有缓解效应，并进一步比较了企业产权性质和成长阶段对这种缓解效应的影响。本书实证结果表明：金融发展显著缓解了上市公司 R&D 投资受到的融资约束，而金融发展水平较高的地区，上市公司 R&D 投资受到的融资约束越小；金融发展可以显著缓解民营上市

公司 R&D 受到的融资约束，而对国有上市公司没有发挥作用；金融发展对成长期公司 R&D 融资约束的缓解作用非常显著，但对成熟期上市公司 R&D 活动的作用并不明显。本书从微观企业财务层面考察金融发展的作用，为理解金融发展对经济增长的微观作用机制提供了新的视角。

第2章

R&D 投融资特征及现状分析

2.1 引　言

企业的研发活动是一个全方位的系统工程，渗透到企业生产的每个阶段，具体分为研究、中间试验和开发三项活动。因此，企业的研发活动不仅包括研究开发活动，还包括为解决研发活动阶段所产生的新产品、新装置、新工艺、新技术、新方法、新系统到生产实践中所要解决的技术问题所进行的活动，包括设计、试制等活动。在不同阶段，企业 R&D 活动的任务不同，资金需求也有很大差别。在本章，我们将首先分析企业研发的主要阶段及不同阶段的资金需求；其次，将对 R&D 投资与普通投资进行比较，分析企业 R&D 投资有哪些特性使得 R&D 投资要比普通投资更为复杂；再次，本章将结合数据具体分析我国 R&D 投资总体和企业 R&D 投入情况；最后，我们将利用具体数据考察我国企业 R&D 的融资现状。

2.2 R&D的主要阶段及资金需求分析

根据赵香莲(2004)、曾繁荣(2005)的研究,从财务管理的视角,我们将企业R&D的这三项活动分为五个性质不同的阶段。研究活动分为基础研究阶段和研究确定阶段,中间试验活动为中间试验阶段,开发活动则分为产品开发阶段和工艺开发阶段。企业R&D所处的阶段不同,其资金需求也是不同的。

1. 基础研究阶段

基础研究是将社会需求与技术上的可能性在一个设计中融为一体的创造性活动,是新产品或新工艺概念的形成阶段。作为企业R&D活动的一个准备阶段,这一阶段的任务主要包括:①调查研究。企业各部门(销售部门、市场研究部门、技术服务部门等)对社会需求、R&D专利的前景、技术的性能以及关联度的调查。②技术交流活动。通过与研究所、高等院校的联系和合作,帮助企业选取最适合生产迫切需求的研究方向。③建立有效的激励机制。研发活动需要研发人员对产品性能、关联度以及前景的苦心钻研,必须在企业内建立一套激励从事研发、掌握发明的机制。虽然企业的基础研究需要的投资要远低于应用研究和开发研究,但却会对企业产生很大的杠杆作用。很多企业往往在基础研究阶段投入大量资金以随时获取最新动向,一些企业如美国微软公司、国内华为和中兴等企业也投入大量的资金设立研究院,从事包括基础研究在内的R&D活动。这一阶段的资金需求包括市场调查费用、技术研究设施费用、研究人员的技术交流与培训费用以及激励费用等。

2. 研究确定阶段

研究确定阶段是对基础研究阶段的成果如新的设计思想进行综合评估,包括技术上的可行性以及经济效应,是决定研发活动是否继续的重要阶段。这一阶段的任务主要包括:①研发人员对该项目的市场竞争情况进行调查分析研究,包含宏观、中观和微观三个层次。宏观方面,要对市场竞争空隙进行调查分析,包括市场细分、市场定位以及进入市场的时机选择等;中观方面,要对企业的竞争对手进行调查分析，包括竞争对手的产品种类与质量、产品营销过程与渠道、产品的广告情况等；微观方面，要对竞争产品进行调查分析，包括竞争产品的质量、性能、价格、成本等。②要对企业自身的R&D能力进行评估分析，以确定研发活动在技术上的可行性。对参与研发人员的能力和技术能力等有关资料进行调查，对企业现有技术的先进程度、现有研究在技术上的可行性、进行技术变革的可能性进行调查，分析企业内部各部门的力量强弱和研究开发能力。这一阶段的费用要高于基础研究阶段，主要包括大量的内外部调查、应用研究的设备、R&D人员费用、R&D决策和财务预测等费用。

3. 中间试验阶段

中间试验阶段是在研发确定后将设计思想转变为R&D成果的过程，是实验室成果向生产转移的重要环节。在这个阶段形成产品的初步形态(产品雏形)，并对样品进行批量试制和工业试生产，从而使雏形产品得到改进定型。这一阶段的主要任务是研发人员根据已提出的多种理论设想和多种研究试验方案，对这些产品或技术的可能性进行反复的实验、探索和比较，选择最佳的路径。依据所挑选的最佳路线以及试验结果，选择少数有较大开发前景的项目进行中试或工业性实践，并使之能够逐步形成完整的、能用于工农业生产的科技成果。经过一次次筛选，大量的试验成果以论文、报告和总结等形式出现，有应用前景的成果往往成为专利文件。这一阶段主要解决产品设计、生产工艺、专用设备、特殊材料、检测标准以及相似的技术经验分析等生产技术的难题。这一阶段在整个R&D活动中具有纽带作用，对资金的投入需求较高，主要的资金需求包括R&D人员的费用、试制费用、技术转让费和专利申请费等。

4. 产品开发阶段

产品开发是开发新的产品的过程，并向市场进行小批量的试销，其成果一般是样品、样机、装置原型及相应的图纸与其他技术文件。这一阶段是将R&D成果转化为生产技术的重要阶段，是评价工艺贮备和组织生产是否值得的一个阶段。这一阶段的主要任务是研发人员对研发出来的样品进行技术、市场的试验活动，将生产出的样品在小范围内进行试销，通过数据来分析样品在生产技术等方面的问题，并通过进一步改进以实现批量化生产。这一阶段是决定R&D新产品的质量、性能及价格竞争优势的关键环节，对企业的配套设备、信息和科技人员的要求较高，是R&D能否成功的关键因素。因此，这一阶段的资金需求量也较大，包括引进或购买配套设备的费用、R&D人员的费用、信息费用、产品试销费等。

5. 工艺开发阶段

工艺开发是为了满足规模化生产，开发出从样机或原型到生产之间的全部工艺技术问题。主要任务将R&D成果进行试制定型、市场验证后，在提高产品产出率的基础上投入商业化生产、内涵式扩大生产规模，建立专业化的生产线，提高自动化生产能力。这一阶段相对于产品开发阶段所需的资金较少，主要包括设备配套费和R&D人员费用。

2.3 企业R&D投资特性分析

1. R&D投资面临更大的调整成本

R&D投资不同于普通投资的最重要的特性就是R&D投资中超过50%的支出是技术人员（比如高层次的科学家、工程师等）的工资、薪酬以及其他经常获得大量的公司培训的技能工人的工资福利。公司削减R&D投资，一般会解雇一部分研发人员。由于这些研发人员的努力会创造保证公司未来利润的无形资产以及基础知识，而这些无形资产以及知识高度根植于技术人员的人力资本中，因此，如果公司暂时削减R&D投资以应对融资的短暂波动，那么在未来公司需要雇用新的技术人员，而这会产生额外的雇用和培训成本。研究显示，这些成本通常是非常大的，甚至是非常昂贵的（Hamermesh & Pfann,1996）。如果解雇拥有公司不愿意同竞争者分享的关键专用信息的研发人员，那么就有可能使有关研发的机密流入竞争对手中。此外，研发通常是以团队形式工作的，不断更换新的员工也会打断企业研发的进度。以上原因使得公司倾向保持一个相对平稳的R&D支出，以避免不得不解雇研发人员。这表明公司的调整成本是非常大的，要高于一般的物理投资（Hall等，1986；Lach & Schankerman，1988）。

2. R&D投资存在较高的风险

R&D的这种高风险在项目或计划的开始阶段尤其突出（Hall，2002）。有研究显示，研发初始的概念开发、分析阶段仅有不超过25%的研发项目能够成功，在样品开发阶段成功的可能性为25%～50%，而到产业化或商业化阶段成功的可能性为50%～70%。R&D投资的这种高风险贯穿于R&D投资的整个过程中。在初始阶段，如果不能针对R&D项目技术上和经济上可行性的充分论证，很有可能因过高估计R&D投资支出以及过低估计R&D的投资效果，引发R&D项目失败的风险。而在后续的过程中也会存在技术风险、知识产权被侵犯的风险、市场风险以及财务风险。其中技术风险是R&D活动的主要风险。因为新技术的不成熟、技术转化的复杂性、技术人员能力的缺乏等都有可能导致研发活动在新技术、新产品的研究开发、应用和产业化阶段停止或中断。市场风险主要表现在调研不充分、新产品或新技术没有市场需求，或者新技术、新产品价格可能不被市场接受以及研发出来的新产品、新技术跟不上需求变化速度，不能适应市场需求。财务风险主要表现在研发投资资金需求较大，无法预测而且也无法按期收回或不能取得令人满意的收益率，因此，当企业债务融资过多且成本较高时，就容易引发财务危机，形成财务风险。

3. R&D投资回报需要较长的周期

R&D投资的目的是实现企业长期的成长，其收益具有明显的滞后性。无论是开展R&D投资还是将研发成果转化为现实生产力，并且取得明显的经济效益，都需要经历漫长的过程。有研究发现，这个过程一般需要3～4年甚至更长的时间（如发明一种新药需要10年以上的时间）。国内学者刘新同（2009）发现，民营企业R&D投资的回收期大致在3年。

4. R&D投资是一个持续、累积和不可逆的过程

企业的R&D投资是一个复杂的持续过程，需要长期的资金高投入支持。

它是在市场需求和技术发展推动下，将发明与新设想通过研究、开发、生产进而转化为产品和技术的持续过程，因此，在每个阶段都需要持续的资金投入。企业的 R&D 活动也具有累积性，因为投资的中断会造成技术的落后与过时，从而导致技术丧失竞争力。因此，要想让一个创新产品获得商业价值，就必须在一个技术方向上专注地、在一段时间内相当持续地投入，同时为了保持技术领先也需要对新技术与产品进行跟踪、升级以适应新技术的快速发展，这也要求要有大量的后续投入。如果停止投入将会造成原有技术的过时和落后，前期产生的成果也将因此贬值。R&D 投资同时也具有不可逆性，如果在某个环节失败或者中断投资，则前期投资也就报废，导致以前的投入变成沉没成本，形成投资成本的不可逆性。因此，企业研发投资是一个持续、积累、不可逆的投资过程，在整个 R&D 过程中需要投入大量的资金。

2.4 我国 R&D 投资的现状分析

2.4.1 R&D 投资总体情况分析

1. 我国 R&D 投入总体情况分析

R&D 投入是衡量一个国家科技发展水平最重要的指标之一，也是提高国家综合国力和竞争力的重要基础之一。随着我国经济实力的增强和自主创新意识的不断提高，对 R&D 的投入力度也在不断地加大，我国的 R&D 经费投入总量迅速提高，R&D 投入强度(即 R&D 投入/GDP)也呈稳步上升趋势。在表 2-1 中，从 R&D 投入总量来看，2006 年我国 R&D 经费投入为 3003.1 亿元，到了 2011 年为 8687.0 亿元，6 年间全国 R&D 经费投入增长了 2.89 倍。从 R&D 投入强度来看，2006 年我国 R&D 投入占 GDP 的比重为 1.39%，2011 年已上升到 1.84%，有了很大的提高。然而我国 R&D 投入仍然远远落后于发达国家，也与我国经济发展水平的要求有较大的差别。联合国教科文组织的研究认为，一个国家的经济发展阶段对R&D投入强度有重大的决定作用。在工业化初级阶段，这一强度一般低于1.5%；到了工业化中级阶段，一般为1.5%～2.5%；而到了工业化高级阶段，这一强度一般要超过2.0%。因此，发达国家的R&D投入占GDP的比重一般都在2%以上，有的甚至高达3%。目前，我国的R&D投入呈快速增长趋势，远远高于GDP的增长速度，2006—2011年我国GDP年平均增长速度为17%，而同时期R&D投入的年平均增长率为23.7%。近年来，我国R&D经费的增长速度远远超过美、日、德、法、英五个R&D大国，已经成为全球R&D经费年均增长率最高的国家之一。

表2-1　2006—2011年我国R&D经费总投入及R&D经费占GDP比例

年份	2006	2007	2008	2009	2010	2011
R&D投入(亿元)	3003.1	3710.2	4616.0	5802.1	7062.6	8687.0
GDP(亿元)	216314.4	265810.3	314045.4	340902.8	401512.8	472881.6
R&D投入/GDP	1.39%	1.40%	1.47%	1.70%	1.76%	1.84%
R&D投入增长速度		23.55%	24.41%	25.70%	21.72%	23.00%

资料来源：中国科技统计网，www.sts.org.cn.

2. R&D投资总额的国际比较分析

从相对指标来看，我国R&D投入占GDP的比例稳步增长，但是，与发达国家比较起来，我国R&D的投入力度仍然偏低，R&D投资强度仍需大幅提高。从表2-2可以看出，2006—2011年我国R&D投入强度最大值为1.76%，最小值为1.39%，低于2%的水平，而与我国相邻的日本和韩国的R&D投入强度在同时期都已经高于3%的水平，美国、德国、法国的R&D投入强度也都超过了2%。从这些数据来看，虽然近年来我国R&D经费占GDP的比重有了显著提高，但与美国、日本以及欧盟等发达国家和地区总体水平相比还有很大差距。这说明虽然我国已经认识到了R&D投资的重要性，但仍需加大对R&D的投入。

表 2-2 部分国家 R&D 经费与 GDP 之比

年份	中国	美国	日本	德国	英国	法国	加拿大	韩国
2006	1.39%	2.64%	3.40%	2.54%	1.75%	2.11%	2.00%	3.01%
2007	1.40%	2.70%	3.44%	2.53%	1.78%	2.08%	1.96%	3.21%
2008	1.47%	2.84%	3.45%	2.69%	1.77%	2.12%	1.86%	3.36%
2009	1.70%	2.90%	3.36%	2.82%	1.85%	2.26%	1.92%	3.56%
2010	1.76%			2.82%	1.77%	2.26%	1.80%	3.74%

数据来源：中国科技统计网站，www.sts.org.cn.

3. R&D 投入的结构分析

根据研究与开发活动的定义，R&D 分为基础研究、应用研究和试验发展三类活动，三类活动在我国总的 R&D 投入中所占的比重也有较大差别。长期以来，我国 R&D 经费侧重于试验发展，在应用研究和基础研究方面投入较少，尤其是基础研究比重过低，已经成为我国 R&D 投入的重大不足。从表 2-3可以看出，虽然基础研究投入总量呈稳步增长的趋势，但研究经费占 R&D 支出经费的比例却缺乏稳定性。我国 2006—2011 年基础研究投入占 R&D 总投入的比例仅在 2006 年超过了 5%，达到了 5.20%，从 2007 年开始下降，此后基础研究投入占 R&D 总投入的比例都低于 5%。

表 2-3 R&D 投入的活动类型结构

年份	2006	2007	2008	2009	2010	2011
R&D 支出(亿元)	3003.1	3710.2	4616.0	5802.1	7062.6	8687.0
基础研究(亿元)	156.2	174.5	220.8	270.3	324.5	411.8
基础研究/R&D 支出	5.20%	4.70%	4.78%	4.66%	4.59%	4.74%
应用研究(亿元)	504.5	492.9	575.2	730.8	893.8	1028.4
应用研究/R&D 支出	16.80%	13.29%	12.46%	12.60%	12.66%	11.84%
试验发展(亿元)	2342.4	3042.8	3820.0	4801.0	5844.3	7246.8
试验发展/R&D 支出	78.00%	82.01%	82.76%	82.74%	82.75%	83.42%

数据来源：中国科技统计网站，www.sts.org.cn 和《2012 中国统计年鉴》.

图 2-1 给出了我国与部分国家 R&D 支出的活动类型比例分配。从图中可以看出，我国的 R&D 投入的结构性问题比较明显，其中基础研究所占比例

仅为 4.6%，而试验发展所占比例却高达 82.7%（注：本图数据由于小数点后仅取一位，故与前述数据略有出入）。与这些国家相比可以看出，我国对基础研究的投入相当薄弱，这些国家在基础研究方面的投入大多在 16%以上，相对较低的日本也在 10%以上。日本科技政策研究所《科学与技术指标 2010》对中国、美国、日本三个国家的基础研究进行了比较，认为中国的基础研究经费与美国和日本有较大的差距，2008 年中国的基础研究经费总量仅为美国的 1/14、日本的 1/4。而长期以来，我国在很多基础和前沿科学领域处于弱势地位，很大的一个原因就是基础研究投入不足，这将对我国的科学创新能力产生长远的影响，会导致我国的技术创新根基不稳、科技发展后劲不足。这也是我国在今后的 R&D 经费分配中必须注意的一个问题。

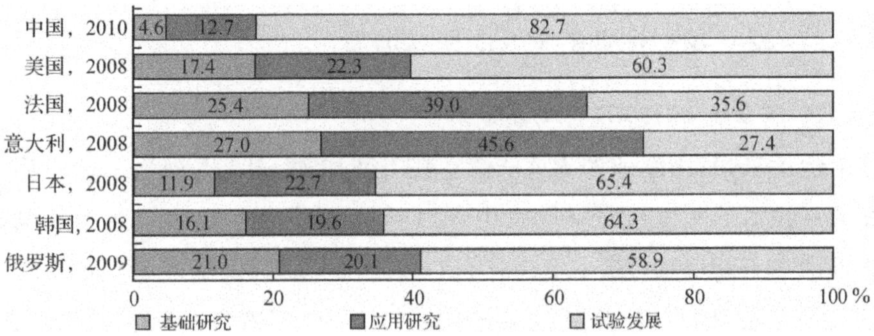

图 2-1　部分国家 R&D 经费支出活动类型分配比较

数据来源：中国科技部.《研究与发展统计 2011》(OECD).

4. 中国企业已成为 R&D 活动的执行主体

在大多数发达国家，企业是 R&D 活动最重要的执行主体，企业的 R&D 经费占据了绝大部分。近年来我国企业在 R&D 活动上的主体地位也进一步强化，从表 2-4 可以看出，2006—2011 年我国企业的 R&D 经费支出总量快速增加，从 2006 年的 2134.5 亿元增加到 2011 年的 6579.3 亿元，6 年间增加了 2.08 倍。从相对指标上来看，企业 R&D 支出占总的 R&D 支出的比例也在不断上升，2006 年为 71.08%，到了 2011 年上升为 75.70%。而同时期，研究机构和高等学校 R&D 支出的比重在不断下降，2011 年这两项在总 R&D 支出中所占比例分别为15.0%和7.9%。企业的R&D支出所占的比例远远超过了研究机构和高等学校所占的比例,企业已经成为我国R&D活动的执行主体。

表2-4　2006—2011年R&D经费在执行部门的分布

年份	2006	2007	2008	2009	2010	2011
总额(亿元)	3003.1	3710.2	4616.0	5802.1	7062.6	8687.0
企业(亿元) 比重	2134.5 71.08%	2681.9 72.28%	3381.7 73.26%	4248.6 73.23%	5185.5 73.42%	6579.3 75.74%
研究机构(亿元) 比重	567.3 18.89%	687.9 18.54%	811.3 17.58%	995.9 17.16%	1186.4 16.80%	1306.7 15.04%
高等学校(亿元) 比重	276.8 9.22%	314.7 8.48%	390.2 8.45%	468.2 8.07%	597.3 8.46%	688.9 7.93%

数据来源:中国科技统计网站,www.sts.org.cn和《2012中国统计年鉴》.

2.4.2　我国企业的R&D现状分析

1. 我国企业R&D活动不断加速

近年来,我国企业的R&D活动在不断加速,表2-5列出了大中型工业企业的科技活动基本情况。从表中可以看出,参与R&D活动的企业的数量和比重都在不断增加,2004年仅有6566家企业参与R&D活动,而2010年达到了12889家,同时所占的比重也从2004年的23.70%上升到2010年的28.30%。企业R&D经费支出也在不断提高,从2004年的954.4亿元提高到2010年的4015.4亿元,8年时间增长了3.20倍。这表明,研发的重要性普遍被企业接受,企业的创新意识不断提高,使得R&D支出有了显著的提高。

表2-5　大中型工业企业的科技活动基本情况

指　　标	2004	2006	2007	2008	2009	2010
有R&D活动企业数(个)	6566	7838	8954	10027	12434	12889
有R&D活动企业所占比重(%)	23.70	24.00	24.70	24.90	30.50	28.30
R&D经费支出(亿元)	954.4	1630.2	2112.5	2681.3	3210.2	4015.4
R&D经费支出与主营业务收入之比(%)	0.71	0.77	0.81	0.84	0.96	0.93

数据来源:《2005—2011年中国统计年鉴》.

2. 我国企业研发投入强度偏低

企业的R&D强度是一个国家企业科技竞争力和创新能力的重要体现。而一般认为，企业研发费用与销售收入的比率达到2%，企业才能基本生存，达到5%才具有竞争力(潘承烈，2006)。从表2-5可看出，平均而言，我国企业的研发投入严重不足，2004—2011年研发经费与销售收入的比例均低于1%。此外，以我国500强企业为例，中国企业联合会、中国企业家协会对500强企业做了调查，有422家企业填报了研发数据，其发布的《2011中国500强企业发展报告》显示，这422家企业的研发费用平均为10.4亿元，研发费用占营业收入的比例平均为1.41%。R&D支出最大的企业为中兴通讯，为10.90%。而2011年世界知识产权组织公布了2011年全球专利申请情况，中兴通讯凭借2826件国际专利一举超越日本松下的2463件，跃居全球企业国际专利申请量第一位，这也间接表明企业研发投入对企业创新有重要的影响。表2-6给出了2011年中国企业500强的R&D投入分布状况，从中可看出在研发费用与销售收入的比例超过10%的仅有一家，并且超过1%的仅占40.80%，而低于1%的企业有218家。显然，从这些数据看出，我国企业的研发投入强度偏低。

表2-6　2011年中国企业500强研发投入分布状况

比例 企业数目	超过10%	5%～10%	3%～5%	1%～3%	低于1%	总数
研发费用/销售收入	1	11	63	129	218	422
占500强企业数比(%)	0.20	2.20	12.60	25.80	43.60	84.40
平均研发强度	1.41%					

数据来源：中国企业联合会、中国企业家协会.《2011中国500强企业发展报告》.

3. 与发达国家存在较大差距

虽然我国企业的R&D活动日渐活跃，但与发达国家相比，仍然有较大的差距。我们以高科技行业为例来进行说明。高科技企业作为企业研发投入的典型代表，其研发强度反映了该国当前的经济科技实力以及未来的发展潜力，然而目前我国高科技企业的研发强度远远落后于发达国家。OECD组织认定，R&D强度高于3%的为高科技产业，1%～3%为中技术产业，小于1%的为低技术产业。从图2-2可以看出，我国2011年高科技产业的平均R&D强度仅为1.6%，远未达到真正意义上的高科技产业，也远远低于发达国家的水平。美国在2007年高科技产业的R&D强度就达到了16.9%，是2011年我国R&D强度的10倍以上，而日本和英国高技术产业的研发强度也在10%以上，德国、法国和韩国等国家高技术产业的研发强度也超过了5%，最低的意大利也达到了3.8%。因此，相比之下，我国高科技企业的研发投入强度明显不足。

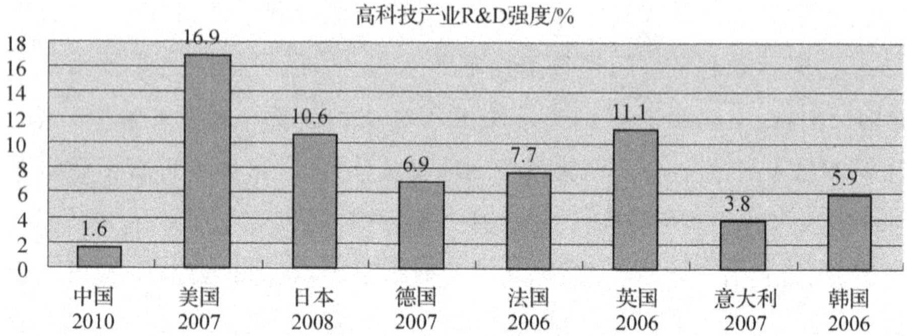

图2-2　高科技产业R&D投资强度的国别比较

注：R&D强度按R&D经费占工业总产值的百分比计算。

数据来源：中国科技统计网站，www.sts.org.cn.

2.5　企业R&D活动的融资体系及其比较

由于R&D活动需要大量的、稳定的、长期的资金投入，因此，企业往往需要借助融资体系来筹集R&D活动所需要的资金。在现代市场经济下，从企业角度而言，企业R&D投资一般通过内源融资和外源融资两种方式来获取资金(图2-3)。

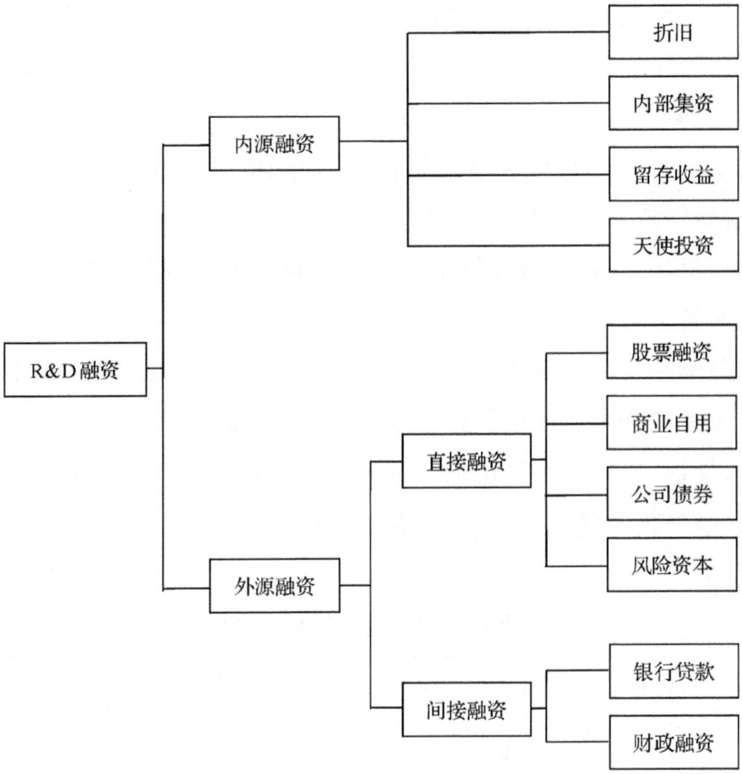

图 2-3　企业 R&D 融资体系

其中，内源融资是公司由经营活动结果产生的相应资金（即公司的自有资金）用于投资的方式。融资来源一般包括企业自身的积累或内部集资、留存收益、折旧和天使资金的直接投入等。由于内源融资是企业的自有资金，企业使用时具有较大的自主性，融资所需的财务成本也比较低，而且不会出现由支付导致的财务风险，已经成为保障 R&D 活动进行的重要组成部分。但内源融资规模受企业自身积累能力的限制，而且也会存在机会成本。

外源融资是企业在 R&D 活动期间通过一定的方式吸收外部资金持有者进行资金的融通行为。相比于内源融资，外源融资虽然不受企业自身积累能力的限制，并且具有高效、灵活和集中的特点，但由于其资金来源于企业外部，对企业 R&D 投资项目会要求比较高的回报率，而且为了保证投资回报，资金提供者通常会限制企业从事风险性过高的项目(比如 R&D 活动)或是在企业投资 R&D 项目时制定其他限制条款,从而限制了企业自由使用资金进行 R&D 投资的数量。

随着现代生产社会化程度的提高,现代经济日益货币化、信用化和证券化,企业融资渠道不断拓宽,外源融资已经成为企业获取资金的重要方式。目前被人们广泛接受、在经济分析中具有重要意义的两种外源融资方式包括直接融资和间接融资。

直接融资是资金盈余部门在金融市场购买资金短缺部门的直接证券,从而资金盈余者将资金的使用权让渡给资金短缺者的融资方式。直接融资具有直接性、长期性、不可逆性和流通性的特点。直接融资的工具包括股票融资、商业信用融资、公司债券融资、风险资本融资等。表 2-7 对四种直接融资方式进行了比较。

表 2-7　直接融资方式的比较

融资方式	融资期限	融资成本	融资风险	资金使用自由度	资金到位率	资金主体的自由度
股票融资	无期限	很高	大	大	低	低
商业信用	很短	较高	较大	较大	低	较高
债券融资	较长	较高	较小	较大	低	较高
风险投资	较长	较高	较大	较小	较高	较低

间接融资是指资金盈余部门通过银行中介机构,把分散的资金集中起来,然后供应给资金短缺部门,资金短缺部门通过银行间接获取储蓄资金这样一种形式,即金融机构充当信用媒介来实现资金在盈余部门和短缺部门之间的流通。相比于直接投资,间接融资具有间接性、短期性、可逆性、不可流通性的特点。间接融资一般包括银行性融资,财政融资也属于间接融资范畴。表 2-8 对两种间接融资方式进行了比较。

表 2-8　间接融资方式的比较

融资公式	融资期限	融资成本	融资风险	资金使用自由度	资金到位率	资金主体的自由度
银行贷款	短	低	大	小	高	低
财政融资	长	低	小	大	高	高

2.6　我国 R&D 活动的融资现状

1. 国家财政科技投入比重偏低

近年来，我国经济总量不断上升，GDP 在全球排名已位列第二，成为继美国之后的全球第二经济大国。从表 2-9 可看出，随着我国财政收入的大幅提高，国家财政拨款绝对额也在逐年提高，2006 年为 1688.5 亿元，2011 年增加到 4902.6 亿元，五年间增加了 3214.1 亿元。然而国家财政拨款在国家财政总支出中的比重却偏低，2006—2011 年为分别为 4.18%、4.25%、4.12%、4.23%、4.58%、4.49%。

表 2-9　我国 2006—2011 年财政科技支出情况

年　份	2006	2007	2008	2009	2010	2011
国家财政科技拨款(亿元)	1688.5	2113.5	2581.8	3224.9	4114.4	4902.6
与国家财政总支出的比值	4.18%	4.25%	4.12%	4.23%	4.58%	4.49%

数据来源：中国科技统计网站，www.sts.org.cn.

2. 企业是我国社会 R&D 投资的融资主体

近年来，企业资金占我国社会 R&D 经费筹集的比重日益提高。对我国 R&D 经费来源进行分析后(表2-10)可以看到，企业资金、政府资金筹资总额在不断地增长，其中企业资金的涨幅最为明显，从 2006 年的 2134.5 亿元，增加到 2011 年的 6420.6 亿元，五年时间增加了 3.0 倍；同时，企业资金筹集总额占我国社会 R&D 经费筹集的比重也在不断提高，从 2006 年的 71.08%提高到2011年的73.91%，远远超过了政府、国外和其他来源。这表明，企业已经成为中国社会R&D投资的融资主体。

表2-10 我国R&D经费来源分析

年份	2006	2007	2008	2009	2010	2011
合计(亿元)	3003.1	3710.2	4616.0	5802.1	7062.6	8687.0
政府(亿元)	567.3	913.5	1088.9	1358.3	1696.3	1883.0
所占比重	18.89%	24.62%	23.59%	23.41%	24.02%	21.68%
企业(亿元)	2134.5	2611.0	3311.5	4162.7	5063.1	6420.6
所占比重	71.08%	70.37%	71.74%	71.74%	71.69%	73.91%
国外(亿元)	276.8	50.0	57.2	78.1	92.1	
所占比重	9.22%	1.35%	1.24%	1.35%	1.30%	
其他(亿元)	24.5	135.8	158.4	203.0	211.0	
所占比重	0.81%	3.66%	3.43%	3.50%	2.99%	

数据来源：中国科技统计网站，www.sts.org.cn.

3. 企业R&D活动融资结构单一

由于R&D活动面临的风险较大，需要的时间较长，因此，获取资金的渠道也比较狭窄。对我国企业R&D经费来源进行分析后(表2-11)可以看到，历年来，在企业R&D经费筹集中，企业自身投入的资金占据主要部分，每年企业自身投入的经费都在90%以上。其次是政府投入的资金，虽然总额数量每年都在提高，但占企业R&D经费筹集的比重却较低，还不足5%。此外，从国外筹集的资金和其他融资方式筹得的资金所占的比例也很少。这表明，企业在进行R&D活动时主要依靠自身力量，融资结构比较单一，很容易遇到融资约束这个瓶颈。

表 2-11　我国企业 R&D 经费来源分析

年份	2006	2007	2008	2009	2010
合计(亿元)	2134.5	2681.9	3381.7	4248.6	5185.5
政府(亿元)	96.7	128.7	145.5	183.9	236.8
所占比重	4.53%	4.80%	4.30%	4.33%	4.56%
企业(亿元)	1946.0	2465.6	3137.2	3944.9	4809.0
所占比重	91.17%	91.93%	92.77%	92.85%	92.74%
国外(亿元)	41.8	41.5	48.2	68.7	82.8
所占比重	1.96%	1.55%	1.43%	1.62%	1.60%
其他(亿元)	50.0	46.1	50.8	51.1	56.9
所占比重	2.34%	1.72%	1.50%	1.20%	1.10%

数据来源：中国科技统计网站，www.sts.org.cn.

2.7　本章小结

本章主要对企业R&D投融资特征以及我国R&D投融资现状进行了一个详细分析。首先，将企业R&D活动分为基础研究、研究确定、中间试验、产品开发和工艺开发五个阶段，并且详细分析了每一个阶段的重要任务以及资金需求情况，同时指出企业R&D投资不同于普通投资的四个特性：R&D投资面临更大的调整成本，存在较高的成本，获得回报需要较长的周期，并且是一个持续、累积和不可逆的过程。随后根据中国科技统计网和统计年鉴等给出的数据具体分析了我国R&D投资总体和企业R&D投入情况。分析结果表明，我国企业已成为R&D活动的执行主体，尽管R&D投入在不断增加，但企业研发投入偏低，与发达国家存在较大差距。其次，总结了企业R&D活动的融资方式，并且对各种融资方式的优劣进行了比较。最后，考察了我国企业R&D的融资现状，发现在R&D融资中，国家财政科技投入比重偏低，企业已经成为我国社会R&D投资的融资主体，而企业R&D活动的融资结构相对单一。

第3章

企业 R&D 融资约束的理论分析

3.1 引　言

企业融资理论作为金融学体系的重要组成部分，是公司金融理论的重要分支。企业在需要融资时，可以选择自有资金融资、债券融资、股权融资。因此，企业融资理论主要研究企业在为投资项目筹集长期资金时，会选择什么样的融资手段，各种融资手段之间的关系和区别，以及企业这样选择的原因。企业 R&D 融资是企业融资的一个重要组成部分，它通过对以往融资理论的回顾，对企业 R&D 投资的融资困境的分析，为企业 R&D 融资的研究提供更为全面的视角。相比于普通投资，R&D 投资的融资更为困难？是什么原因造成 R&D 融资困难？在不同所有权和不同成长阶段下企业 R&D 融资又有哪些差异？本章我们将对这些问题一一进行解答。

3.2 企业融资理论

在论述企业R&D投资的融资困境前，我们先对企业融资理论进行回顾。

1. MM理论

最早的企业融资理论是由美国经济学家Modigliani & Miller于1958年在名为“资本成本、公司理财和投资管理”的论文中提出的，因此被称为MM理论。该理论认为在完美的市场中也就是无摩擦的市场中，企业的市场价值与企业的资本结构无关。这表明企业的投资不受融资方式的影响，无论采用何种方式的融资都不会影响企业的市场价值。MM理论的提出标志着现代融资理论的形成，也成为现代资本结构理论的主要内容。但由于这一理论是在一系列严格的假设基础上建立的，比如假设资本市场是完全竞争的，没有企业和个人所得税，投资者一致预期，没有交易成本和代理成本，企业也不存在破产风险等，所以不可避免地受到了实践的挑战。为此，其后两人在1963年又对此进行了修正，考虑了企业所得税的影响。由于企业对债权人支付利息成本免交企业所得税，所以修正后的MM理论变为：企业的负债杠杆确实会影响企业的价值和融资成本。企业的融资成本随负债的增加而降低，当负债率达到100%时，企业的价值最大。因此，企业最优的融资结构应该是全部为负债，没有权益。MM理论虽然放宽了关于企业所得税的影响，考虑了负债带来的税额庇护利益，但并没有考虑由此所导致的风险与费用，因此与现实是不相符的。此后，学者们不断地放松MM理论的假设条件，比如考虑负债导致的风险和费用，以及企业的破产成本等因素，对MM理论进行修正来完善和发展企业融资理论。

2. 权衡理论

权衡理论是对MM理论修正发展而来的，考虑了负债所导致的风险和费用，比较接近现实。该理论认为，企业的融资结构取决于融资结构中的成本与收益的权衡问题。企业最佳的融资结构应是一个完整的权衡体系，是对负债的税额庇护利益与破产成本现值间的权衡而得到的。制约企业无限追求税额庇护利益或负债的重要因素就是企业债务上升而导致的企业破产成本和费用,由于企业债务的增加会使企业陷入财务危机甚至破产的可能性增加,同时与此相关的各种费用也会增加,这就使得企业的额外成本增加,从而降低了企业的价值。因此,企业必须在税额庇护利益与破产成本间进行选择。企业破产成本一般指企业法律破产过程中所产生的审计、会计、律师、法庭等费用。Wamer(1977)、White(1990)、Mackie-Mason(1990)、Graham(1996)等对此进行了相关的研究。由于权衡理论以资本市场均衡和价值最大化为基础,也成为众多理论学派和财务实践者的主要选择。

3. 新优序融资理论

新优序融资理论是 Myers & Majluf(1984)、Myers(1984)提出来的。该理论认为,在存在信息不对称但无摩擦的金融市场中,内部人(管理者)要比外部人(市场或投资者)更了解公司的信息,拥有外部人所不知道的投资和融资信息。外部投资者只能根据内部人所传递的企业资本结构、财务决策或股利政策等信息来进行投资决策。当企业拥有净现值为正的投资项目,并且需要为这一投资项目进行融资时,由于代表旧股东利益的内部管理者要比潜在的投资者更为了解投资项目的获利能力,从而不愿意将投资收益转让给潜在的投资者。而潜在的投资者知道管理者的这种模式,因此,企业发行股票来对新项目融资,会被市场误解。投资者会把企业发行新股当作一种坏消息,认为是其前景不佳,从而减少对新股的出价,因此,新股发行总会使股价下跌,企业价值下降,这使得企业会以各种理由来避免发行新股。而企业增加负债则向市场传递了好的信号,表明企业资产良好,管理者对企业未来收益有较高的期望,所以会选择需还本付息的银行贷款或发行债券来为企业融资,同时负债也会使管理者努力工作,降低企业资金的总成本,企业市场价值也随之增加。市场在接受这一好消息后,股价就会上升,由此企业市场价值与负债比例正相关。当企业需要为新的投资项目融资时,管理者首选内部融资,然后是负债融资,最后才会选择股权融资。Shyam-Sunder & Myers(1999)、Frank & Goyal

(2003)、Jung 等(1996)对此进行了相应的研究。

4. 融资控制理论

20 世纪 80 年代后期,有关资本结构理论的研究重点转向探讨公司控制权与资本结构的关系。融资的控制理论是产业组织理论的一个重要组成部分,其主要代表人物是 Aghion & Bolton(1988)。该理论基于企业经营者对控制权本身的偏好,认为融资结构的选择会影响控制权的分配,从而影响企业市场价值的问题。由于现代企业控制权与所有权的分离,公司管理者掌握了公司的控制权。出于对企业控制权的偏好,企业管理者不会以企业价值最大化为目标,而是以公司控制权的分配作为主要目标,企图通过融资方式和融资结构来影响控制权的分配,从而影响企业的价值。虽然企业的股东及其选出的董事会对公司有实际的控制权,但由于信息不对称和动力不足等原因,中小股东普遍存在搭便车的心理,这使得他们对企业的控制比实际规章所规定的要弱得多。而相比之下,债权人尤其是银行对企业的控制要比规章规定的要强。因此,对于存在负债的公司而言,其运营依赖于债权人(主要是银行),而银行贷款有严格的风险控制及抵押措施,所以在很大程度上控制着企业,并且在进行负债融资时,如果企业不能按期偿还债务,企业的剩余控制权将转移给债权人。对于偏好控制权的管理者来说,最安全的方法必然是用内部资本来进行投资。所以,当企业需要融资时,最佳的融资顺序是内部集资>股权融资>负债融资。

3.3 R&D投资的融资困境分析

1. R&D资本缺乏抵押价值

债务融资一般必须利用抵押品来获得,而活动密集型企业的资产中研究设备、人力资本、专利技术等无形资产含量较高,实物资产含量较低。由于专有技术、人力资本、商誉等无形资产的价值计量方法不够成熟,其评估结果是否准确难以把握;而且无形资产价值具有风险性,其价值会随新技术的出现而逐步贬值；此外，无形资产不具有实物形态，因此，很难对此类投资进行观察和控制。这些因素的存在在很大程度上限制了债务的使用。

2. R&D投资的收益存在较大的不确定性

这种不确定性非常极端，并不表现为一个有均值和方差的特殊分布。Scherer(1998)的研究发现，R&D投资的收益呈帕累托分布，也就是说仅有少数的R&D投资具有收益。很多研发项目由于无法将新技术成果成功地运用于商业化运作的产品或者已经采用研发技术的产品仍无法占领市场或不被市场认可，从而导致研发无法获得回报，甚至无法收回成本。R&D投资收益的这种高度不确定性决定了企业的R&D活动融资要比一般投资更为困难。

3. R&D投资存在高度的信息不对称

企业的信息不对称表现在两个方面：首先，相对于外部潜在投资者，企业的R&D经理拥有更多的关于当前R&D项目特性以及成功可能性的信息，而企业的R&D经理不愿意将这些信息传递给外部投资者。其次，研发创造的信息是与企业未来成长有关的专有信息，企业出于战略考虑不愿意将这些信息全部或部分披露给潜在投资者，因为这些信息可能会泄露给竞争者，企业一般将这些信息通过申请专利、专有技术等手段进行保护以防外漏。因此，这两个方面的存在使得在资本市场上，R&D项目的资金需求者和资金供给者之间存在严重的信息不对称。

3.4 企业融资约束的理论基础

3.4.1 信息不对称理论

经典的MM理论认为，在无摩擦的资本市场中，企业的内部资本和外部资本是可以完全替代的，企业投资行为不受企业资本结构以及融资渠道的影响，只取决于企业的技术偏好和产量需求。然而，在现实世界中，资本市场并不是完美的。企业由于内外部融资成本存在较大差异，无法支付过高的外部融资成本导致融资不足，由此使得企业投资低于最优水平、投资决策过于依赖内部资金，产生了融资约束现象。在完美的资本市场中，最重要的一条就是信息是对称的，即各类人员都拥有完全的信息，而在现实资本市场中这一假设是不成立的，市场参与者之间存在信息不对称问题。所谓信息不对称是指在市场经济活动中，各类人员对有关信息的了解存在差异，表现为一方比另一方更具有信息优势，从而使得掌握信息比较充分的人员往往处于比较有利的地位，会对信息贫乏人员的决策行为产生不利影响。因为如果信息贫乏人员需要使用相关的信息来指导其决策，那么掌握更多信息的一方可以通过向信息贫乏人员传递可靠信息而在市场中获益，并且信息不对称程度越严重，获取信息的成本就会越昂贵。信息不对称后产生两种经济后果，一种是逆向选择，一种是道德风险。如果信息不对称发生在合同签订之前，掌握信息充分的人员利用信息贫乏人员的无知而隐瞒相关的信息会导致逆向选择行为。而信息不对称发生在合同签订之前，掌握信息充分的人员为自身利益而隐瞒相关信息导致信息贫乏人员利益受到损害，即会产生道德风险。

1970年，Akerlof在《哈佛商业评论》中发表了著名的“次品问题”一文，首次提出了“信息市场”的概念，并建立了柠檬市场模型来分析旧车市场上信息不对称所导致的逆向选择问题。随后Jaffee & Russell(1976)、Stiglitz & Weiss(1981)分析了信贷市场上的信息不对称导致的逆向选择问题。Jaffee & Russell(1976)认为，由于贷款者与借款者之间的信息不对称，贷款者无法辨认借款者的质量时，会要求一个比较高的信贷利率。而Stiglitz & Weiss(1981)进一步指出，贷款者无法通过提高利率来辨认借款者的质量时，高质量的借款者将会离开信贷市场，从而使得贷款规模受到限制。Greenwald等(1984)、Myers & Majluf(1984)分析了股票市场上的信息不对称所导致的逆向问题。他们的研究认为，公司管理者与外部潜在投资者(新股东等)存在信息不对称问题，公司管理者拥有更多关于企业的经营情况和战略决策的详细信息，而外部投资很难获取这些信息，新股东会要求一个比较高的溢价来补偿信息不对称问题带来的损失。

由于潜在的外部投资者无法对公司的优劣进行鉴别，需要种种手段克服信息不对称带来的风险，会要求一个更高的投资回报（提高贷款利率、低估或低价购买股票等）。这就使得公司外部融资成本较高，而且信息不对称程度越大，外部融资成本越高。而与外部融资相比，公司内部融资成本较低。较高的外部融资成本导致公司必须放弃部分 NPV 为正的项目，并且投资依赖于公司的内部现金流，这样就产生了外部融资约束（Fazzari 等，1988）。

3.4.2 代理理论

现代公司的所有权与控制权的分离虽然使得所有者分散其风险与收益，经营者能够从事更专业化的管理，但却产生了委托代理问题。代理理论最早是由 Jensen & Meckling(1976)提出的，主要涉及企业资源的提供者与资源使用者之间的契约关系。代理理论认为，当公司管理者就是公司资源的拥有者时，他们拥有企业全部的剩余索取权，公司不存在代理问题，公司管理者会努力地为他自己工作。但随着所有权与控制权的分离，较少拥有或没有股份的管理者掌控了公司的经营决策权，公司股东与管理者之间的利益并不一致。Jensen & Meckling(1976)认为，管理者努力经营的成果由管理者和股东双方分享，而成本却由管理者独自承担，这种不对称使得管理者并不总是以股东利益最大化为目标，管理者为追求自己利益会选择有利于自己而并非有利于股东的行动，比如盲目扩大公司规模或在职消费。进一步地，Jensen(1986)指出，管理者所掌握的资源越多，越有可能攫取个人私利。企业可以通过增加负债来缓解管理者与股东之间的代理问题。因为增加负债（如发行长期债券）的融资比例不仅能够提高经理人的相对股权比例，降低代理成本，而且负债的利息和本金偿付需要占用公司现金，从而减少了管理者可用于个人私利活动的现金数量。

股东与债权人的代理问题也是代理理论所涉及的一个重要方面。Myer(1977)指出，由于负债融资存在信息不对称，股东与债权人之间存在利益冲突。在高负债的公司，管理者倾向于投资高风险高收益的项目，而债权人对这类项目态度较为保守。因为项目一旦成功，管理者能够获得全部超额收益，而债权人获得固定债务面值的收益，但项目一旦失败，有限责任决定债权人承担了大部分的成本，因此，债权人不愿意提供负债或者要求一个较高的回报率。现有负债过多将导致企业无法融资或者融资成本过高，不得不放弃那些对股东有利的投资项目，公司出现投资不足。

3.5 企业 R&D 投资存在融资约束的理论成因分析

3.5.1 基于信息不对称的 R&D 投资的融资约束分析

信息不对称是 R&D 投资存在融资约束的一个主要原因。R&D 投资中信息不对称来源于 R&D 投资固有的高风险以及不确定性。由于 R&D 投资本身固有的不确定性，其产出不能从投资中预测。潜在的外部投资者和 R&D 公司间存在较大的信息不对称，对于 R&D 公司而言，拥有 R&D 项目成功的可能性以及创新项目的特性如何等信息，而潜在的外部投资者对 R&D 过程缺乏详细的信息和经验，这些导致了 R&D 投资中融资的"柠檬市场"的出现。由于投资者在区分 R&D 项目好坏时更为困难（尤其是对于那些长期的 R&D 项目），导致 R&D 融资的柠檬溢价高于普通投资（Arrow，1962；Leland & Pyle，1977）。在借贷市场中，由于 R&D 投资相比于普通投资具有更大的风险，债权人为了控制风险会对 R&D 贷款人要求一个较高的利率或实施信贷配给（Harhoff，1998），导致内外部融资成本差异或是无法融到足够的资金。此外，除了 R&D 投资固有的风险和不确定性是产生 R&D 信息不对称的原因外，R&D 公司的战略考虑也是信息不对称的另一个来源。由于创新活动回报的不完美性，R&D 公司可能不愿意向外部世界全部或部分披露关于它们的技术活动内容和目标的信息，因为这些信息都可能会泄露给潜在的投资者。创新活动回报的这种不完美特性来自非竞争性和部分的知识产物的排他性。非竞争性意味着经济代理使用的创新能排除其他企业使用,而部分排他性意味着信息的拥有者不能阻止其他人从免费使用中获利(Nelson,1959)。由于创新观点容易被模仿,将创新观点披露给竞争者将减少它们从潜在项目获得的收益,因此,公司需要保护专利信息(即使对潜在的投资者),这加重了信息不对称,也使得 R&D 投资的融资约束要比其他形式的投资更为严重。

3.5.2 基于代理理论的 R&D 投资的融资约束分析

R&D 投资存在融资约束的第二个主要原因是代理问题。现代公司制度下,所有权与控制权的分离产生了股东与经理间的代理问题。当经理的目标与股东利益相冲突时,就会产生投资策略并不是股东价值最大化的情况。这可能会存在两种情况:一是经理们通常花费在有利于他们自己的活动中(比如建立商业帝国、在职消费等),二是风险规避的经理不愿意投资不确定的 R&D 项目。第一类的代理成本可以通过公司负债来减少经理人能够支配的充裕的现金流,但这反过来会迫使经理们使用较高成本的外部资源来为 R&D 融资(Jensen & Meckling,1976)。第二类代理问题使得经理们避免使用能增加公司风险的 R&D 项目的外部融资。在债务和权益市场,抵押价值的缺乏对类似于 R&D 投资产生了相反的激励和自选择问题,导致 R&D 投资不足。银行或其他债权人偏好物理资产来确保他们的负债,并且不愿意借款给那些包含 R&D 投资而不是实物投资的项目。此外 R&D 投资的沉没成本要高于普通投资,从而可能提高资本成本。因此,风险规避性的公司经理不愿意使用债务融资,从而导致 R&D 投资不足。

3.6 不同产权性质下公司R&D投资的融资约束差别分析

民营企业已经成为我国市场经济中重要组成部分，统计数据显示，2010年我国民营企业经济总量已经占到GDP的50%以上，而民营企业的研发活动占到研发的75%以上。目前，我国大力提倡自主创新，对企业的创新行为也更加重视，然而相比于国有企业，民营企业的R&D投资面临更严重的融资约束问题。首先，由于我国不完善的市场环境，民营企业的外部融资能力较弱，融资难度远高于国有企业，民营企业无论在权益融资还是在债务融资方面都受到更多的体制性歧视。Brandt & Li(2003)的研究指出，在目前中国的制度环境下，民营企业在外部融资中受到不公正的待遇，处于劣势地位。Fan等(2007)也指出，民营企业外部融资条件更为苛刻，而且金融部门也不愿意向民营企业提供贷款。债务融资方面，银行对民营企业的债务融资存在歧视现象。我国四大国有银行拥有70%以上的信贷资金，在信贷市场处于垄断地位(罗党论，2008)，但由于国有银行与国有企业在产权上的统一性，受行政干预的约束，对民营企业贷款存在歧视性现象。银行对民营企业权益融资的条件有严格的限制，贷款手续复杂，抵押品要求严格，要求的贷款利率也高于国有企业，这使得民营企业R&D融资成本高昂。而银行为控制风险会加重信贷配给，把更多的民营企业排除在配给范围之外，并且有“惜贷”的现象。这些都导致民营企业债务融资更为困难。Wei & Wang(1997)也发现，中国国有银行倾向于向国有企业提供贷款。Allen等(2005)研究认为，我国银行信贷大部分发放给国有企业和国有上市公司。Faccio(2006)发现，相对于非国有企业，国有企业更容易取得债务融资。江伟和李斌(2006)研究也发现，相对于民营上市公司，国有上市公司能获得更多的长期债务融资。而由于R&D投资的高风险性，其面临的融资约束会更严重。权益融资方面，民营企业存在权益融资约束现象。由于我国股票市场的进入门槛较高且手续繁杂，民营企业尤其是处于创业期的民营企业达不到上市条件，被拒于股票市场门外。虽然更多的民营企业通过“买壳”方式实现上市，但所买的壳大多是那些陷入经营困难的国有上市公司，短期内不能进行股权融资（李金，2007），这导致民营企业 R&D 权益融资困难。其次，相比于民营企业，政府出于“父爱主义”，更愿意对国有企业的 R&D 项目提供援助。Konai(1982)提出，国有企业往往能得到更多的政府“父爱”般的照顾，获得更多的政策支持。再次，民营企业出于提高自身竞争优势的考虑，在 R&D 信息披露方面更为保守，这使得民营企业 R&D 投资的信息不对称问题相比国有企业更为严重，也进一步加大了民营企业 R&D 投资的融资约束问题。

3.7 不同成长阶段下公司 R&D 投资的融资约束差别分析

处于不同成长阶段的企业，R&D 投资受到的融资约束也存在较大差异。相对于成熟期的大企业，年轻的中小企业的 R&D 投资存在更严重的融资约束问题，R&D 投资对内部现金流更加敏感。Müller & Zimmermann(2009)指出，与 R&D 项目相联系的高风险连同中小企业产生的活动的高风险可能暗示，包含客观的 R&D 投资活动的中小企业高依赖于内部融资。长期以来，我国年轻的中小企业外源融资困难。负债融资方面，相对于成熟企业，年轻企业规模相对较小，成立时间相对较短，缺乏足够的抵押品以及信誉，而且年轻公司没有资源与银行建立一个长久的关系（Berger & Udell，2002），这使得年轻公司从银行获取贷款抵押和信用贷款的能力有限。而且信贷政策对年轻的中小企业的支持力度不够，存在信贷配给现象，有研究显示，99%的中小企业仅占主要金融机构贷款总额的 15%（赵亚娟，2009）。此外，年轻的中小企业的信用担保机构规模较小，缺乏风险分散与补偿制度，因此，公司很难从债券市场融资。股权融资方面，由于我国证券市场门槛较高，即使开通了创业板，其上市要求也是一般年轻的中小企业无法达到的，创业投资体制的不健全导致年轻的中小企业无法通过公开市场筹集资金。代理和信息不对称问题在小企业中更为严重(Ennew & Binks,1995)。相比于成熟的大企业,年轻的中小企业经营信息不透明,信息披露不规范,难以向投资者提供可信的信息,而且由于产权封闭和面临更激烈的市场竞争,担心商业机密被泄漏,在信息披露方面更为谨慎,同时由于R&D的特殊性,投资者收集信息比较困难,很难判断公司R&D的成长空间,这使得企业与外部投资者间有较高的信息不对称,导致企业外部融资困难。Berger & Udell(1998)发现,年轻且信息不透明的小企业外部融资困难,大多依赖内部融资、贸易信贷或天使投资。Beck(2004)研究发现,小企业进入资本市场的门槛较高,所以小企业外源资金可得性差、融资成本高。张杰和刘东(2006)认为,中小企业中所有者与经营者高度合一,导致信贷双方信息不对称更为严重,从而造成银行对年轻的中小企业的"信贷约束"或"信贷配给"。Beck(2006)、Czarnitzki(2006)等的研究表明,成长期的企业R&D投资要比成熟期企业受到的融资约束更为严重。

3.8 本章小结

本章主要对我国企业R&D投资存在融资约束进行了一个理论分析。首先,对企业融资的理论进行了回顾,介绍了MM理论、权衡理论、新优序融资理论以及融资控制理论,对R&D投资的融资困境进行了分析,认为R&D投资缺乏抵押价值,其收益具有较大的不确定性,以及高度的信息不对称导致企业R&D融资困难。随后介绍了企业融资约束的理论基础:信息不对称理论和代理理论,并且基于这两种理论分析了企业R&D投资的融资约束问题,认为信息不对称和代理问题是导致企业R&D投资存在融资约束的主要原因。最后,基于我国特殊制度背景讨论了国有企业和民营企业中R&D投资的融资约束差别,认为民营企业要比国有企业面临更大的融资约束问题。此外,还讨论了不同成长阶段下企业R&D投资的融资约束差别,指出成长期的企业R&D投资要比成熟期企业受到的融资约束更为严重。

第4章

企业R&D融资约束的检验

4.1 引　言

虽然对R&D投资越来越重视，但由于高度的信息不对称和代理问题，投资回报的不确定性以及抵押价值的缺乏等不同于普通投资的特点，R&D投资相比于其他投资面临更高的融资约束（Brown，2009）。虽然R&D在经济增长中发挥了重要作用并且对融资有较高的敏感性，但现实中大量的研究考察的是固定投资的融资约束问题，仅有少量的文献关注企业R&D投资的融资约束问题，并且这些研究得到的结论也是多种多样的。Hall（1992）、Himmelberg & Petersen（1994）利用美国公司的数据发现，R&D投资对内部现金流有显著的敏感性。而Bhagat & Welch（1995）在美国、加拿大、英国、欧洲大陆、日本的跨公司研究中发现，R&D投资与现金流之间并没有相关性。Bond等（2003）发现，德国公司或美国公司都没有表现出R&D投资水平与现金流之间的相关关系，而现金流水平与公司是否参与R&D活动正相关。Hall等

(1999)利用一个VAR模型发现,R&D投资对现金流的敏感性在美国公司要高于法国和日本公司。Mulkay等(2001)的研究也表明,现金流对R&D投资和固定资产投资的影响在美国要大于法国。Canepa & Stoneman(2009)基于英国公司的研究表明,融资因素对企业创新活动有显著的影响,并且对高科技部门和小企业的影响更为严重。Hall & Lerner(2010)认为,现有的关于融资约束对企业R&D投资重要性的证据远远没有确定的结论。而到目前为止,国内关于融资约束的研究集中于固定资产投资,鲜有关于R&D投资方面的研究。因此,从现有的文献来看,关于企业融资约束的研究集中于欧美发达国家,并且关于美国的研究结论表明,R&D投资存在融资约束;关于跨国家的研究则表明,R&D投资的融资约束在美国要比其他国家严重,而美国的资本市场发展并不落后于其他国家。中国的资本市场落后于欧美国家,并且处于经济转型阶段,那么中国上市公司R&D投资是否存在融资约束现象?本书对此进行了回答,为国际研究提供了来自转轨经济国家R&D投资的融资约束问题研究,丰富了现有的关于R&D投资中融资约束的文献。

4.2 度量融资约束的R&D投资模型

4.2.1 度量融资约束的投资模型回顾

现有研究公司R&D投资的融资约束的测试模型采用已经成熟的对于普通投资的融资约束的测试模型。目前用于考察融资约束的投资模型有四种:新古典模型、销售加速模型、FHP模型和欧拉方程。

1. 新古典模型

Jorgenson于1963年首次提出新古典模型,认为企业投资决策过程受企业的资本成本大小的影响,其模型如下:

$$(\frac{I}{K})=\alpha_0+\alpha_1(\frac{C_k}{K})_{i,t}+\alpha_2(\frac{C_k}{K})_{i,t-1}+\alpha_3(\frac{CF}{K})_{i,t}+\varepsilon_{i,t} \tag{4.1}$$

式中，I 为投资规模，K 代表总资产，C_k 表示资本成本，CF 代表公司内部现金流，i 表示公司，t 代表年份，ε 是误差项，α_3 是投资—现金流敏感性。该模型认为，投资与现金流之间存在正相关关系，那么表明公司存在融资约束。

2. 销售加速模型

Abel & Blanchard(1986)在新古典模型的基础上提出了销售加速模型。该模型考虑了销售收入对投资的影响，认为企业的销售收入会对公司的投资产生正向的影响，此外还将资本成本变量予以删除，其模型如下：

$$(\frac{I}{K})=\alpha_0+\alpha_1(\frac{S_k}{K})_{i,t}+\alpha_2(\frac{S_k}{K})_{i,t-1}+\alpha_3(\frac{CF}{K})_{i,t}+\varepsilon_{i,t} \tag{4.2}$$

式中，I 代表投资规模，K 表示总资产，CF 表示内部现金流，S_k 代表销售收入，α_3 是投资—现金流敏感性。

3. FHP 模型

Fazzri、Hubbard & Petersen(1988)在《融资约束与上市公司投资》中认为，企业的内部现金流影响企业的投资，如果公司外部融资成本与内部融资成本的差别较小，当公司在内部无法融到足够的资金时，公司可以采用外部融资。但如果公司外部融资成本明显高于内部融资成本，即公司面临融资约束，那么公司只能依据当前内部现金流来决定投资支出，表现为投资—现金流敏感性。同时，用股利支付率来衡量公司的融资约束程度，认为如果公司内外部融资成本相差不大，公司会减少留存收益，提高股利支付率；而如果外部融资高于内部融资，则会减少股利支付来增加留存收益，以备新投资之需。因此，公司的投资的融资约束程度随股利支付比例的提高而降低，公司股利支付比例越低，所受到的融资约束程度越高。为了将融资约束与企业的未来盈利两者分开，他们在模型中引入托宾 Q 来反映公司潜在的投资机会。这种方法有效地解决了销售加速模型的缺陷，其采用的投资模型为：

$$(\frac{I}{K})_{it}=\alpha_0+\alpha_1 Q_{it}+\alpha_2(\frac{CF}{K})_{it}+\varepsilon_{it} \tag{4.3}$$

式中，I 表示投资规模，托宾 Q 表示企业的投资机会，K 表示总资产，CF 代表公司的内部现金流，i 表示公司，t 代表年份，ε 是误差项，α_2 指公司投资对内部现金流的敏感性。如果 $\alpha_2>0$，表明公司投资依赖于内部现金流，受到了明显的外部融资约束；如果 $\alpha_2=0$，则表明公司不存在融资约束。

FHP 的实证结果表明，在股利支付率较低的公司，公司投资与内部现金流存在高度相关性，而在股利支付率较高的公司，则不存在这种关系。他们认为，投资与现金流之间的敏感性可以作为公司融资约束程度的一个衡量指标，他们对融资约束与公司投资—现金流敏感性间的关系作了开创性研究，其模型也成为度量公司融资约束的经典模型。

4. 欧拉方程

欧拉方程最早是由 Abel(1980)提出的，后经 Bond & Meghir(1994)和 Laeven(2003)进一步发展。该模型基于不完全竞争公司的动态最优化"欧拉条件"累积生产函数有一个曲线调整技术。该模型控制了未来预期收益对投资支出的影响。欧拉模型的基本假设是，股东(或经理)追求的是企业价值最大化，同时受到资本累积和外部融资的约束。在这些假设下，Laeven(2003)同时引入了利润方程和成本调整函数。Brown 等在企业 R&D 投资的融资约束测试中均采用此方法。在实证研究中，欧拉方程通常被转换为下面的实证模型：

$$\left(\frac{R}{K}\right)_{i,t}=\beta_0\beta_1\left(\frac{R}{K}\right)_{i,t-1}+\beta_2\left(\frac{R}{K}\right)^2_{i,t-1}+\beta_4\left(\frac{CF}{K}\right)_{i,t-1}+\varepsilon_{i,t} \tag{4.4}$$

式中，i 表示公司，t 表示年份，R 代表公司的 R&D 投资，K 代表公司总资产，CF 代表企业现金流。现金流的定义通常为扣除非经常项目和折旧前的收入减去现金股利，由于部分数据难以收集，本书采用企业年度经营活动产生的现金流净额来代替。

根据 Bond & Meghir(1994)、Laeven(2003)的观点，对于模型(4.1)，衡量企业 R&D 投资的融资约束的标准体现在系数 β_4 上，如果 β_4 符号为正并且显著，则表明企业的 R&D 投资依赖于内部现金流，或者说企业的 R&D 投资存在融资约束现象。

4.2.2 模型选择

早期的研究大部分采用新古典模型和销售加速模型，在销售加速模型中投资与现金流之间的正相关关系就是融资约束的证据，但后来的研究认为，现金流系数为正可能并不表示内部现金流对企业投资有重要影响，而有可能表明企业未来具有更高的盈利能力。此后 FHP 模型对此进行了进一步修正，在模型中引入了托宾 Q，以区分融资约束与企业未来盈利能力或投资机会，但由于 FHP 模型要求托宾 Q 值必须真实反映公司价值，而由于我国资本市场并非是强有效的资本市场，导致依据市场数据计算出的托宾 Q 值与真实价值存在严重偏误，因此，这个模型在中国并不严格适用。而采用欧拉方程作为理论模型并不需要计算托宾 Q 值，允许金融摩擦的存在，同时能够控制未来预期收入对投资支出的影响，而且后来的研究都采用此方法。因此，我们在实证分析中也将采用欧拉方程来测试企业 R&D 投资的融资约束情况。

4.3 研究设计

4.3.1 研究样本及数据来源

本书选择 2007—2011 年沪深两市非金融类上市公司为初始研究对象，然后对其采取以下筛选过程：

(1)剔除金融类上市公司，由于其财务标准不同于其他行业的上市公司；

(2)根据皮永华(2005)、谢维敏(2011)的研究，研发投入企业一般集中于信息技术业和制造业，因此，我们以这两个行业为本书的分析样本，对其他行业样本予以剔除；

(3)剔除未连续 5 年披露 R&D 投资的公司，最终得到 191 家上市公司的有效样本，5 年共计 955 个观测值。

本书所使用的数据包括 R&D 投资数据、地区金融发展水平数据以及企业财务特征数据。其中企业的 R&D 投资数据来源于中国证监会指定信息披露网站——巨潮咨询网（www.cninfo.com.cn）提供的年度报告全文中披露的数据。本书通过手工收集整理获得。同时，用于度量地区金融发展水平的全部数据来源于《中国金融年鉴》，企业财务数据来源于北大色诺芬数据库（CCER）。

根据中国证监会 2001 年公布的《上市公司行业分类指引》所指定的大类分类标准，上市公司涉及 13 个行业：A 农、林、牧、渔业；B 采掘业；C 制造业；D 电力、煤气及水的生产和供应业；E 建筑业；F 交通运输、仓储业；G 信息技术业；H 批发和零售贸易；I 金融、保险业；J 房地产业；K 社会服务业；L 传播与文化产业；M 综合类。制造业涵盖的种类较多，具体又分为 10 个小类：C0 食品、饮料类；C1 纺织、服装、皮毛类；C2 木材、家具类；C3 造纸、印刷类；C4 石油、化学塑胶、塑料类；C5 电子类；C6 金属、非金属类；C7 机械、设备、仪表类；C8 医药、生物制品类；C99 其他制造业类。在我们所选择的样本中，信息技术业 18 家，制造业 174 家，其中制造业中 C0 食品、饮料类 4 家；C1 纺织、服装、皮毛类 5 家，C3 造纸、印刷类 5 家，C4 石油、化学塑胶、塑料类 5 家，C5 电子类 19 家，C6 金属、非金属类 12 家，C7 机械、设备、仪表类 73 家，C8 医药、生物制品类 24 家，C99 其他制造业类 6 家。

从公司最终控股人类型来看，所选取的 191 家上市样本公司中，国有控股公司有 111 家，占总样本公司的 58.1%，民营控股公司有 80 家，占总样本公司的 41.9%。本书按照上市公司年龄将样本公司划分为成熟组上市公司和成长组上市公司，如果样本公司上市超过 10 年则为成熟组，如果样本公司上市低于 10 年则为成长组。经过划分，所选取的样本中成熟组上市公司共 97 家，占全部样本的 50.8%，成长组上市公司共 94 家，占全部样本的 49.2%。

4.3.2 研究方法

在本书的模型中均采用被解释变量的滞后项作为解释变量，从而导致这两个动态方程的解释变量存在内生性问题，如果应用面板数据的随机效应或者固定效应对模型进行估计，得到的参数估计值将是一个有偏的、非一致的估计量，因此，基于估计结果产生的经济含义也肯定是扭曲的。Arellano & Bond(1991)提出了一阶广义矩估计来解决这一问题。这一方法先是对估计方程进行一阶差分以去掉固定效应的影响，然后用一组滞后的解释变量作为差分方程中相应变量的工具变量，从而获得一致性估计。然而，一阶差分广义矩估计(DIF-GMM)容易受弱工具变量和小样本偏误的影响，Blundell & Bond(1998)进一步提出了系统广义矩估计法(SYS-GMM)来解决此问题。SYS-GMM 估计量在 DIF-GMM 估计量的基础上进一步使用了水平方程的矩条件，将滞后变量的一阶差分作为水平方程中相应的水平变量的工具，因此，相比于 DIF-GMM，系统 GMM 估计利用了更多的信息，可以有效控制内生性问题，通过将弱外生变量的滞后项作为工具变量纳入估计方程，从而获得一致性估计。系统 GMM 估计包括一阶系统 GMM 估计和二阶系统 GMM 估计。由于二阶系统 GMM 估计的标准差存在向下偏移问题，因此，在应用中一般采用一阶系统 GMM 估计(Bond，2002)。本书选择一阶系统 GMM 作为估计方法。需要注意的是，一阶系统 GMM 加人水平方程的同时也增加了矩约束条件的数量，因此，我们需要判断 GMM 估计量是否有效可行。一般而言，可以从以下几个方面检验 GMM 估计量是否有效：(1)通过进行 Sargan 检验来判断新增的工具变量是否有效，如果不能拒绝原假设，就意味着我们选取的工具变量是有效的；(2)通过检验回归中差分的残差项是否二阶自相关，其原假设是随机误差项、不存在二阶序列相关，如果 AR(1)、AR(2)的检验值分别拒绝和不能拒绝原假设，则说明模型的设定是合理的；(3)将 GMM 估计值分别与固定效应估计值及混合 OLS 估计值比较，如果滞后变量的系数处于两者估计值之间，则表示 GMM 估计有效。

4.4 回归结果分析

4.4.1 R&D 投资与融资约束

我们分别对动态模型(4.4)进行 OLS、固定效应和一阶系统 GMM 模型估计,得到表 4-1 所示的结果。从表 4-1 模型(4.4)的结果可知,一阶系统 GMM 估计的 Sargan 值为 19.555,p 值为 0.241,不能拒绝工具联合有效的原假设,这表明我们选取的工具变量是有效的。残差自相关 AR(1)的值为 -6.699,p 值为 0.000,AR(2)的值为 -0.684,p 值为 0.494,AR(1)的检验值能够拒绝原假设,而 AR(2)的检验值不能够拒绝原假设,这表明一阶差分方程中的残差项不存在二阶自相关,表明我们的模型设定是合理的。表 4-1 模型(4.4)被解释变量的滞后项$(\frac{R}{K})_{t-1}$的估计值为 0.734,固定效应模型的估计值为 0.164,而$(\frac{R}{K})_{t-1}$的一阶系统 GMM 估计值为 0.542,确实处于其他两个估计值之间,这进一步说明了我们选取的 GMM 估计是有效的。

表 4-1 是对全部样本的回归结果。模型(4.4)中,不论是混合 OLS 估计、固定效应估计,还是 GMM 估计,$(\frac{CF}{K})_{t-1}$的系数都为正,并且都在 1%的水平上显著,这说明上市公司的 R&D 投资对现金流的依赖性比较显著,即上市公司 R&D 投资普遍受到了融资约束。这证实了我们的假设 1。表明由于信息不对称和代理问题导致上市公司 R&D 投资的外部融资成本与内部融资成本差异显著,并且无法通过外部融资到足够的资金,使得企业的 R&D 投资对内部现金流有较强的依赖,R&D 投资存在明显的融资约束现象。此外,$(\frac{R}{K})_{t-1}$在混合 OLS、固定效应和 GMM 估计下系数都为正,并且分别在 1%和 10%的水平上显著,说明上市公司的 R&D 投资具有一定的延续性,上市公司的研发

项目可能是分多期的，前一期的投入会显著影响后一期的投入。而$(\frac{R}{K})^2_{t-1}$的系数为负，这与 Bond & Merghir(1994)构建欧拉方程时的预期一致。

表 4-1 融资约束与 R&D 投资

变量	OLS	FE	GMM
Intercept	0.004* (1.780)	0.024*** (6.469)	0.008*** (3.057)
$(\frac{R}{K})_{t-1}$	0.734*** (11.927)	0.164* (1.769)	0.542*** (5.354)
$(\frac{R}{K})^2_{t-1}$	−1.947*** (−8.059)	−0.170 (−0.527)	−1.361*** (−3.882)
$(\frac{S}{K})_{t-1}$	−0.002 (−1.227)	−0.011** (−2.582)	−0.004** (−2.268)
$(\frac{CF}{K})_{t-1}$	0.062*** (6.359)	0.051*** (4.027)	0.064*** (5.087)
N	764	764	764
R square	0.220	0.111	
AR(1)			−6.699
AR(1) p-value			0.000
AR(2)			−0.684
AR(2) p-value			0.494
Sargan			19.555
Sargan p-value			0.241

注：*** 表示在 1%的置信水平上显著；** 表示在 5%的水平上显著；* 表示在 10%的水平上显著。括号内是各估计参数的 t 值。

4.4.2 产权性质、R&D 投资与融资约束

为验证企业产权性质对上市公司 R&D 融资约束的影响，我们将全部样本按照企业最终控制人类型的不同划分为国有上市公司和民营上市公司，并在表 4-2 给出了混合 OLS 估计和 GMM 估计的结果。从表 4-2 模型(4.4)使用 GMM 估计的回归结果来看，民营上市公司样本组中，现金流系数为0.110，

并且在 1%的水平上显著，而国有上市公司样本组中，现金流系数虽然也在 1%的水平上显著，但仅为 0.026，小于民营上市公司样本组的系数。而混合 OLS 估计的结果也进一步证实了这一点。这说明，企业所有权性质的差异对企业 R&D 融资有显著的影响，具体来说，相对于国有上市公司，民营上市公司 R&D 活动对内部现金流的依赖更强，受到的融资约束更大。这意味着由于国有企业长期受各级政府和国有银行的政策、资金支持，并且其信息不对称程度低于民营企业(饶华春，2009)，因此，国有上市公司 R&D 活动相比民营上市公司 R&D 活动受到的融资约束相对较小。

表 4-2　产权性质、融资约束与 R&D 投资

变量	OLS		GMM	
	民营	国有	民营	国有
Intercept	0.006 (1.318)	0.006*** (3.453)	0.009 (1.636)	0.006*** (2.945)
$(\frac{R}{K})_{t-1}$	0.704*** (6.273)	0.781*** (10.613)	0.416** (2.202)	0.670*** (6.266)
$(\frac{R}{K})^2_{t-1}$	−1.855*** (−4.768)	−2.550*** (−4.834)	−1.025* (−1.717)	−1.982*** (−2.981)
$(\frac{S}{K})_{t-1}$	−0.003 (−1.189)	−0.000 (−0.138)	−0.006** (−2.043)	−0.001 (−0.952)
$(\frac{CF}{K})_{t-1}$	0.092*** (5.064)	0.026*** (2.799)	0.110*** (4.698)	0.029*** (2.593)
N	320	444	320	444
R square	0.172	0.287		
AR(1)			−4.305	−11.921
AR(1) p-value			0.000	0.000
AR(2)			−0.889	−0.286
AR(2) p-value			0.373	0.227
Sargan			17.112	35.058
Sargan p-value			0.378	0.104

注：*** 表示在 1%的置信水平上显著；** 表示在 5%的水平上显著；* 表示在 10%的水平上显著。括号内是各估计参数的 t 值。

4.4.3 成长阶段、R&D投资与融资约束

为验证企业成长阶段对上市公司R&D投资的融资约束的影响以及对金融发展发挥效果的影响，我们将全部样本按照上市公司上市年龄划分为成长上市公司和成熟上市公司，并在表4-3给出了混合OLS估计和GMM估计的结果。表4-3模型(4.4)的实证结果发现，成熟期上市公司R&D活动受到的融资约束小于成长期上市公司R&D活动受到的融资约束。表4-3模型(4.4)的GMM估计结果中，成熟期上市公司R&D投资与现金流的系数为0.026，在10%的水平上显著，成长期上市公司R&D投资与现金流的系数为0.085，并且在1%的水平上显著，与OLS估计的结果一致。这说明，企业成长阶段的差异对企业R&D投资的融资有显著的影响，具体来说，相对于成熟期上市公司，成长期上市公司R&D活动对内部现金流的依赖更强，受到的融资约束更大。这是由于年轻企业规模相对较小，成立时间相对较短，缺乏足够的抵押品以及信誉，年轻公司从银行获取贷款抵押和信用贷款的能力有限，而且信贷政策对年轻的中小企业的支持力度不够，存在信息配给现象，代理和信息不对称问题在小企业中更为严重，从而导致相比于成熟期公司，成长期公司受到的融资约束更为明显。

表4-3 成长阶段、融资约束与R&D投资

变量	OLS		GMM	
	成熟	成长	成熟	成长
CON	0.005 (1.352)	0.004 (1.494)	0.008* (1.918)	0.006* (1.924)
$(\frac{R}{K})_{t-1}$	0.751*** (8.820)	0.662*** (6.572)	0.673*** (5.154)	0.565*** (4.341)
$(\frac{R}{K})^2_{t-1}$	−1.629*** (−4.728)	−2.123*** (−5.820)	−1.385*** (−2.918)	−1.841*** (−4.062)
$(\frac{S}{K})_{t-1}$	−0.002 (−0.537)	−0.001 (−0.678)	−0.004 (−0.955)	−0.003 (−1.611)

续表

变量	OLS		GMM	
	成熟	成长	成熟	成长
$(\frac{CF}{K})_{t-1}$	0.037** (2.279)	0.075*** (6.363)	0.026* (1.704)	0.085*** (5.609)
N	388	376	388	376
R square	0.238	0.175		
AR(1)			−4.050	−7.412
AR(1) p-value			0.000	0.000
AR(2)			−0.466	1.500
AR(2) p-value			0.641	0.136
Sargan			10.277	20.489
Sargan p-value			0.852	0.262

注：*** 表示在 1%的置信水平上显著；** 表示在 5%的水平上显著；* 表示在 10%的水平上显著。括号内是各估计参数的 t 值。

4.5 本章小结

本章采用更适用于我国企业投资的欧拉方程模型，利用 2007—2011 年上市公司面板数据和动态面板广义矩估计方法，考察了我国上市公司 R&D 活动的融资约束问题，并考虑了不同产权性质和成长阶段下企业 R&D 投资的融资约束差异。研究发现：

(1)上市公司的 R&D 投资与现金流存在显著的正相关关系，表明我国上市公司 R&D 投资普遍存在融资约束现象。我们认为，这主要是由于信息不对称和代理问题导致上市公司 R&D 投资的外部融资成本与内部融资成本差异显著，并且无法通过外部融资筹到足够的资金，从而使上市公司的 R&D 投资对内部现金流有较强的依赖，R&D 投资存在明显的融资约束现象。

(2)不同所有权的上市公司 R&D 投资的融资约束存在显著差异。由于我国不完善的市场环境，国有企业长期受各级政府和国有银行的政策、资金支持，并且其信息不对称程度低于民营企业，因此，国有上市公司 R&D 活动相比民营上市公司 R&D 活动受到的融资约束相对较小。

(3)不同成长阶段的上市公司 R&D 投资的融资约束存在显著差异。相对于成熟企业，年轻企业规模相对较小，成立时间相对较短，缺乏足够的抵押品以及信誉，年轻公司从银行获取贷款抵押和信用贷款的能力有限，而且信贷政策对年轻的中小企业的支持力度不够，存在信息配给现象，代理和信息不对称问题在小企业中更为严重，从而导致相比于成熟期公司，成长期公司受到的融资约束更为明显。

第5章 公司治理缓解企业R&D融资约束的机理分析

5.1 引　言

信息不对称和代理问题是企业R&D融资约束产生的重要原因。当企业需要对R&D项目进行融资时，企业的管理者拥有关于项目足够的信息，而外部投资者则缺乏这方面的信息。这种信息不对称会导致两方面的结果：一方面，潜在的外部投资者获取信息需要成本，而且有时搜集和处理这些信息的成本是非常高昂的，因此，投资者可能无法承担因信息不对称带来的风险而减少或放弃对R&D项目的投资，或者即使对项目进行投资，投资者也会寻求价格保护机制来降低预期代理成本，或要求较高的投资回报率，从而导致公司融资成本的增加。另一方面，因为缺乏足够的关于R&D项目的信息，投资者可能会低估R&D投资的回报，使得一些优质的R&D项目无法筹得足够的资金。Myers & Majluf(1984)指出，公司外部融资因信息不对称而面临较高的融资成本。已有研究表明,公司治理会对企业的融资产生影响。本章我们重点分析公司治理中董事会治理和机构投资者如何缓解企业 R&D 融资约束。

公司治理是通过一整套包括正式的或非正式的、内部的或外部的制度或机制来协调公司与所有利益相关者之间的利益关系,以考证公司决策的科学化,从而最终维护公司各方的利益(李维安,2001)。有效的公司治理能够帮助企业以较低的成本从外部市场获得资本,Shleifer 等(1997)指出,降低融资成本的有效途径在于实施高效的公司治理。公司治理信息也是企业最稳定的信息,是签约之前的重要信号机制和银行债权的重要保障机制,是缓解融资约束的重要信息。刘冰和方政(2011)的研究也发现,公司治理机制会对企业的股权融资成本产生显著的影响。Booth(1992)的研究考察了公司治理对企业债务融资成本的影响,发现良好的公司治理对企业管理层的监督越有效,能够降低企业的债务融资成本。蒋琰和陆正飞(2009)考察了单一与综合公司治理机制对企业股权融资成本的影响,发现有效的公司治理能够促进股权融资成本的降低。LLSV(1997)、Iskander & Chamlou(2000)、Claessens(2003)的研究表明,良好的公司治理水平能够促进资本市场发展,提高投资者信心,从而提高企业权益融资能力。董事会是公司内部治理结构的核心机构,其主要职责是监督和任命管理者,并且为公司提供决策支持系统。Ashbaugh 等(2004)、Chen 等(2006)、Faizul(2006)研究发现,董事会独立性等公司治理因素会降低股权融资成本。刘冰和方政(2011)的研究表明,董事会规模与公司股权融资成本负相关,而独立董事对企业的股权融资成本有显著的影响。本章我们考虑公司治理中董事会和机构投资者对企业 R&D 融资约束的影响,讨论董事会和机构投资者是如何缓解企业 R&D 融资约束的。

5.2 董事会规模缓解企业 R&D 融资约束的机理分析

董事会规模是董事会治理研究的一个必不可少的方面,董事会规模对企业 R&D 融资约束可能会存在两个不同的影响。依据资源依赖理论,董事会的规模可以作为一个组织通过与外部环境相联系以获取关键资源的能力的计量指标，反映了公司订约环境的大致“内容”和董事会服务所提供的专家建议的数量。Lang & Lundholm(1993)认为，信息披露水平的提高能够有效降低外部融资的成本。大规模的董事会增加了有关企业R&D信息提供的渠道，为企业R&D融资拓宽了渠道，既可以吸引大批投资者前来投资，也可以降低信息不对称，增加股票的流动性，从而降低公司融资成本。刘冰和方政(2011)的研究表明，董事会规模对企业股权融资成本有负向的影响，股权融资成本随董事会规模的增大而降低。董事会规模越大，董事会代表的利益广度越高，其知识结构也相对较为丰富，从而通过的R&D项目决策更具有科学性，这也向投资者传递了一个良好的信号，增强了投资者的投资信心，从而改善企业R&D的融资约束问题。大规模董事也能够提高董事会的监督力，对管理者产生监督和制衡作用，从而减少对R&D的代理成本，进一步降低R&D的融资成本。Klein(2002)的研究认为，董事会规模能够影响董事会工作，董事会监督能力随着董事会规模的扩大而增加，即同样的工作量由更多监督者来完成，将可以提高对管理者的监督能力，因此，大董事会能更有效地监督财务报告过程，债权人将受益于财务透明度和可靠性的提高，其风险将减小，更乐于贷款，贷款利率也将较低。Pfeffer(1972)认为，董事会中有更多的董事能够使公司拥有利用这些董事的技能和服务的机会，董事会规模越大越有利于公司。持有这种观点的还有Provan(1980)和Tricker(1984)等。Bimbaum(1984)认为，外部环境的不确定性主要包括信息的缺乏和易变性，会导致董事会规模的增加。此外，大规模的董事会提供了通向外部世界的服务窗口，能够更好地与外界形成环境联系(Goodstein,1994)，帮助企业获得必要的资源，减少信息的不对称，建立企业的外在形象，降低管理者控制企业的可能性，从而有效地减少企业的交易成本(王山慧、王宗军,2012)，董事会的这些功能进一步降低了企业R&D融资的成本，拓宽了R&D融资的渠道，从而有效缓解了企业R&D的融资约束。

然而董事会规模过大容易导致沟通协调问题，增加代理成本，进而增加企业的融资约束。Lipton & Lorsch(1992)指出，大董事会的效率要低于小董事会，因为如果董事会太大，在董事会内部就会产生诸如搭便车之类的代理问题，董事会就只是象征性的橡皮图章，仅仅是参与管理程序的一个较小的部分。Jensen(1993)、Yermack(1996)的研究认为，沟通和协调问题会随董事会规模的增大而增大，导致董事会控制管理层的能力下降，增加了代理成本。肖作平和陈德胜(2006)研究发现，董事会规模与代理成本存在正相关关系，小规模的董事会的代理成本更低。而人数较少的董事会沟通更有效率，容易做出评价结果，股东与经理层的目标偏差程度较少，代理成本相应就较低。丁庭选(2008)认为，大规模的董事会导致协商、沟通的困难，决策效率降低，债权安全程度也下降，贷款银行与企业签订借贷合约的意愿下降，而且更不愿意签订长期债务契约。实证研究表明，民营企业中银行贷款随董事会规模的增大而减少。由于R&D较高的不确定性，小规模董事会在与银行对R&D融资协商时，效率会更高，越有可能取得银行贷款。大规模董事会的沟通协调问题使得董事很少参与公司的决策，因此，也不可能对企业R&D的融资产生积极的影响，而且在股权融资中，董事会增加意味着各投资主体在利益的沟通协调上可能存在更大的分歧，难以达成一致的意见，或者公司为了协调各投资者的利益而必须付出高昂的交易成本，结果股权融资所带来的收益将被抵消，不利于企业R&D融资约束的缓解。

5.3 独立董事缓解企业R&D融资约束的机理分析

20世纪90年代起，世界各国逐渐意识到公司治理的重要性，陆续颁布一系列的法律法规、准则、指导意见等来规范上市公司的内部治理。O'Shea(2005)研究表明，这些准则的一个共同点就是对于特定数目或特定比例的董事会中独立董事的要求。比如，1992年英国的《Cadbury报告》要求董事会中至少要有三名独立董事；1999年法国的《Vienot Ⅱ报告》要求独立董事比例至少应占董事会成员的三分之一；1999年墨西哥的《公司治理准则》要求董事会中至少有20%的独立董事；而韩国在1999年颁布的《公司治理最佳做法准则》明确规定，上市公司董事会应至少有四分之一的独立董事，尤其是金融机构和大的上市公司的独立董事应超过半数或最少也要有三名独立董事。顺应全球化趋势，我国于1997年引入独立董事制度，2001年中国证监会发布《关于在上市公司建立独立董事制度的指导意见》（以下简称《指导意见》），要求2003年6月30日前各上市公司董事会成员中至少应包括三分之一的独立董事。这标志着我国上市公司独立董事制度正式实施。《指导意见》发布十余年来，国内学者对独立董事的研究一直没有停止过。然而目前较多地关注独立董事对公司业绩的影响，很少有人关注独立董事对公司融资约束的影响。下面我们将对独立董事的职能进行论述，然后分析独立董事对企业R&D融资约束的影响。

1. 独立董事职能

现代公司的发展产生了所有权与控制权的分离。由于管理层并非公司的所有者，因此，可能会牺牲股东的利益来追求自身利益，从而产生了股东与管理层之间的代理问题。为了能更好地监督管理层，董事会就相应地出现了。董事会的主要职能是监督和任命管理层，并且为公司提供决策支持。然而，如果董事会全部由内部人员构成，就会出现内部人自我监督的现象，而且内部董事有可能会与管理层合谋侵害股东的利益，并且管理层会为自己制定报酬。基于以上诸多因素，完善公司治理结构就显得很迫切，而且尤为重要，独立董事正是为适应这一要求而产生的。在学术界和法律法规一般比较认同独立董事的以下三个职能。

(1)监督职能。这是独立董事设立的最初目的，也是其最基本的职能。Fama & Jensen(1983)认为，独立董事的设立可以防止内部人控制，弥补监督者缺位的不足。杜胜利等(2005)认为，独立董事的职能具体体现在一方面可以解决代理问题，减少管理层和股东的冲突，充分保护股东的权益；另一方面可以约束大股东行为，保护中小股东的利益。王岳堂等(2006)认为，建立独立董事制度的基本目的是要独立董事承担起保护中小股东权益的职责，在公司决策的过程中预防或者制止大股东损害小股东利益的行为,解决一股独大或内部控制人所产生的问题。1992年英国的Cadbury明确规定,独立董事有两个主要作用:一是监督董事会和管理层的表现,二是解决代理问题。《指导意见》也明确规定,独立董事要关注中小股东的合法权益不受损害,并且独立履行监督职能。

(2)战略职能。上市公司的独立董事一般都具有良好的教育和专业背景,有丰富的商业经验。孔翔(2002)认为,独立董事能够为公司带来新信息、新思想、新技能。娄芳等(2002)认为,独立董事可以运用他们所掌握的技术和市场方面的知识,来帮助公司管理层解决经营上的难题;能够帮助管理层识别机会,预期潜在的问题;还可以帮助公司构造重要的商业战略。Kim(2007)认为,独立董事能够为管理层提供建议和咨询。Abor & Adjasi(2007)认为,在加纳的公司治理结构中,外部独立董事的参与能够增强公司的竞争力和提供新的战略观点。1995年OECD发布的《OECD公司治理准则》认为,独立董事对于公司的决策制定有非常重要的贡献。《指导意见》也非常重视独立董事的战略职能,比较看重董事的专业背景,它规定独立董事应具有五年以上法律、经济或者其他履行独立董事职责所必需的工作经验,而且要求上市公司独立董事中应至少包括一名会计人员。

(3)政治及沟通职能。Agrawal & Knoeber(1996)的研究发现,政治因素对于企业独立董事的雇用有很大的影响,公司也愿意雇用拥有政治背景的人员担任独立董事,而且如果公司由于环境污染或者垄断问题而与政府的分歧较多时,公司中具备律师背景的独立董事就会增多,他们可以为公司提供具有洞察力的意见,帮助公司分析和预测政府的相关行为。孔翔(2002)认为,由于上市公司的独立董事一般都拥有丰富的商业阅历,而且同外部有较多的联系,具有一定的凝聚力和影响力,能够帮助公司更广泛地接触其他行业、金融市场、政府和新闻媒体,可以为公司与大众架起沟通的桥梁,加强公司与外部联系,树立良好的公司形象。赵昌文等(2008)认为,由于政府对企业发展具备一定的影响能力,因而具有政治关系的独立董事能够帮助公司通过获得来自政府的积极影响而使企业价值提高。1999年意大利发布的《实务准则报告》也认同独立董事的沟通职能。

2. 独立董事缓解企业R&D融资约束的机理分析

董事会的出现是为了解决现代公司所有权与控制权的分离所产生的股东与管理者之间的代理问题,其主要职能是监督和任命管理者,并且为公司提供决策支持系统。但如果董事会成员全部是内部董事,就会产生内部人自我监督、为自己制定报酬的现象,内部董事有可能与管理者合谋侵害公司的权益。独立董事的引入就是为了提高董事会的独立性,保证董事会的监督效率。另外,董事会负责监督管理者的经营决策,并对公司重大的投资决策进行审查和批准。董事会对于管理者的监督不力就是因为董事会独立性的缺乏而不是董事会能力的缺乏,独立董事的引入能够有效地解决这一问题。独立董事不是公司内部人员,不受管理者的权力控制,因此,更有可能做出公正的判断。Fama(1980)、Fama & Jensen(1983)认为,独立董事比例的提高能够增强董事会对管理者的监督能力,有效降低代理成本。Ho & Wong(2001)、Ferdinand等(2004)的结论表明,企业的资源性信息披露程度随独立董事比例的提高而增强。Chen等(2006)的研究发现,更强的股东权利体制、更有效的董事会及更好的财务信息披露质量会降低股权融资成本。董事会通过监督职能、战略、政治及沟通职能来影响企业R&D的融资约束。监督职能是独立董事最基本的职能,监督能力的提高可以有效缓解信息不对称和代理问题,进而缓解企业R&D受到的融资约束。独立董事能够对管理层和股东进行有效的监督也体现在降低高管人员的在职消费(Brickley & James,1987)、解雇业绩不佳的CEO(Weisbach,1998)、抑制大股东的掏空行为,从而降低公司R&D项目的风险水平,而这会降低投资者尤其是中小投资者要求的回报率,进而降低了权益融资成本。Ashbaugh等(2004)的研究认为,董事会的独立性降低了权益融资成本。Cheng等(2006)的研究也表明,更有效的董事会以及更好的信息披露质量会降低股权融资成本。Collins等(2004)的研究证明,董事会的独立性会降低权益融资成本。由于独立董事的存在,管理者的行为将受到一定程度的约束。独立董事的积极参与能够有效优化公司治理机制，从而降低外部融资成本。Dechow 等(1996)的研究发现，董事会独立性越强，提供欺骗性财务报告的可能性越小。Klein(2002)的研究也发现，董事会独立性较高的企业的财务报告扭曲程度越小。在提供的财务报告可靠的情况下，债权人对投资者收益率的要求就会降低，从而降低了企业的债务融资成本。丁庭选(2008)认为，独立董事能够有效遏制大股东的“掏空”行为，既维护了中小股东的利益，也维护了债权人利益，会对企业的债务契约产生影响，能够缓解债务融资约束。董事会独立性的增强向潜在的投资者传递了良好的信号，降低了投资者的预期风险，从而降低了企业的融资成本。Byrd & Hickman(1992)认为，独立董事能有效防止高管侵占公司资源的行为。董事会独立性越强，企业的财务状况越真实，企业经营越好，银行更愿意贷款，贷款利率也低。胡苏(2011)认为，独立董事的监督能力越强，债权人的利益就越能得到有效保护，银行提供的长期借款也就越多。

独立董事一般都具有良好的教育和专业背景以及商业阅历，能够利用所掌握的技术和知识为公司的技术创新活动提供智力支持，做出有利于公司股东的 R&D 决策。独立董事与外部有较多的联系，具有一定的凝聚力和影响力，能够帮助公司更广泛地接触其他行业、金融市场、政府和新闻媒体，可以为公司与大众架起沟通的桥梁，加强公司与外部的联系，树立良好的公司形象，能够为市场传递关于 R&D 项目的良好信号，增强潜在投资者对 R&D 项目的投资信心，提高股票的价格，并且吸引银行等债权人的贷款，从而改善 R&D 的融资约束问题。Ramirez(1995)研究了 20 世纪初美国的企业，发现增加银行背景董事将减弱现金流与投资之间的相关性，并增加企业的债务融资。Güner 等(2008)发现，银行背景董事进入董事会将会提高企业的债务融资比例，并降低现金流与投资之间的相关性。刘浩等(2012)的研究表明，具有银行背景的独立董事可以显著改善企业的信贷融资，使上市公司获得更多的信贷。独立董事的政治职能能够帮助企业获得来自政府的积极影响。Agrawal & Knoeber(1996)的研究发现，政治因素对于企业独立董事的雇用有很大的影响,公司也愿意雇用拥有政治背景的人员担任独立董事。具有政治背景的董事拥有更多的政治资源,企业在对R&D融资时,可以凭借这些资源获得更多的外部融资。Khwaja & Mian(2005)基于巴基斯坦的研究发现,政治关联企业的贷款是没有政治关联企业的2倍。Leuz & Oberholzer-Gee(2006)基于印度的研究发现,政治关联可以为企业带来更多的资金支持,提高企业的融资能力。因此,独立董事通过发挥监督、战略、政治及沟通职能,在企业对R&D项目融资时,可以有效提高R&D项目的信息披露水平,降低公司与投资者的信息不对称程度,降低企业的代理成本;拓宽企业R&D融资的渠道,进而降低企业融资的成本并提高企业融资的数量,而且独立董事比例越高,企业的R&D融资约束程度越小。

5.4 机构投资者持股缓解企业R&D融资约束的机理分析

近年来,机构投资者不断发展壮大,已经成为公司治理的重要组成部分。对于机构投资者的研究已经吸引了越来越多的目光,然而目前鲜有人员研究机构投资者对企业R&D融资约束的影响。相比于一般的投资,R&D投资表现出更高的不确定性,而这在一定程度上增加了投资者与R&D经理人间的信息不对称。投资者处于信息劣势群体,对于企业的R&D项目缺乏足够的了解,而且也缺乏关于新项目的技术、市场方面的专业知识;很多潜在的投资者没有能力对R&D的前景进行分析和预测,不愿支付昂贵的信息搜集和评价成本;由于R&D项目监督困难,投资者对其进行监督要付出较高的成本。这些都导致投资者无法辨识企业R&D项目的真实价值。因此,风险规避的投资者会做出两种选择:一是放弃对R&D项目进行投资;二是会寻找潜在的价格保护机制降低预期的代理成本,对R&D投资要求一个较高的回报率。这两种情况导致企业的R&D面临融资约束问题。然而机构投资者持股可以提高公司R&D项目的融资能力,缓解R&D融资约束,降低R&D项目对内部现金流的依赖。机构投资者可以从降低信息不对称和代理成本两个方面来影响企业 R&D 的融资约束。

机构投资者持股可以降低 R&D 项目的信息不对称程度，从而缓解 R&D 的融资约束问题。Botosan(1997)、Richardson & Welker(2001)认为，信息不对称程度的缓解可以降低企业 R&D 的融资成本。Diamond & Verrecchia (1991)、Healy 等(1999)、Botosan(1997)的研究认为，提高信息披露水平可以降低企业的信息不对称程度，从而进一步降低企业外部融资成本。由于上市公司在特定范围内资源性披露信息的原因，机构投资者能够获得更多关于企业发展的内部信息；机构投资者在技术理解、信息获取等方面占有优势，信息搜集、加工和处理能力非常强，能够依据专业的分析手段、投资经验对企业的 R&D 项目进行综合、全面、准确的分析和判断，因此能够降低投资者的信息成本，进而降低融资成本；同时机构投资者不仅可以通过公开渠道获取公司的信息，而且可以通过与管理层私下沟通来获取关于 R&D 项目的内部信息。Useem(1996)认为，机构投资者提高了信息披露的准确度，并且参与了公司的长远发展计划。El-Gazzar(1998)研究发现，机构投资者的存在会对企业的资源披露水平产生积极的影响。Chidambaran & John(2000)的研究认为，企业的机构大股东有能力从管理层获取更多的内部信息，并且会将这些信息传递给其他的股东和利益相关者，机构投资者充当了信息的传递中介，有助于减轻信息不对称问题。Amihud & Li(2002)则认为，拥有较多的信息和超强的信息处理能力，使得机构投资者更加成熟。机构投资者持股比例越高，其挖掘 R&D 项目信息的能力越大，而且公司也愿意与大规模的机构投资者交流信息，以弥补其公开披露的不足。陈晓丽等(2007)的研究认为，我国机构投资者持股会对上市公司的信息披露产生积极的影响，公司信息透明度与机构投资者持股比例正相关。叶建芳(2009)基于中国公司的研究发现，我国机构投资者会积极影响上市公司信息的透明度，机构投资者持股与信息透明度显著正相关。因此，机构持股比例的提高能够增加公司信息披露的数量和质量，减少投资者与公司间的信息不对称，进而缓解企业 R&D 的融资约束问题。

机构投资者持股能够提高所在企业的公司治理水平，对企业R&D项目实施有效的监督，降低企业R&D项目的代理成本，从而有效降低企业R&D的融资约束。机构投资者发挥了积极的效应。Jensen(1986)认为，机构投资者能够有效地监督管理层，对企业高管构成较强的约束。Shleifer & Vishny(1986)认为，机构投资者持股有助于限制公司的代理问题。Wahal(1985)、Guemui等(1999)的研究表明，机构投资者积极参与对公司管理的监督，并且发现机构投资者显著提升了公司的股价和财务绩效。Drucker(1991)认为，机构投资者持股能够确保公司治理机制的有效性。Gillan & Starks(2000)、Guercio & Hawkins(1999)基于美国公司的研究表明，机构投资者已经成为公司治理的积极参与者和对管理层的监督者。Chung等(2002)的研究发现，机构投资者作为监督者，能够有效降低上市公司的盈余管理程度。机构投资者持股越多，监督管理层的动力就越大，有助于缓解中小股东的"搭便车问题"(Maug,1998)，有效缓解企业的代理问题。在国内，江向才(2004)的研究发现，机构投资者持股的上市公司具有更好的公司治理和信息透明度。陈晓和王琨(2005)从关联方资金占用的角度考察了机构投资者的影响，结果发现我国的机构投资者已经参与到公司治理中，对公司的经营运作起到了一定程度的监督作用。李维安和李滨(2008)认为，相比于个人投资者，机构投资者具有专业、信息和资金优势，能够提升公司的治理水平，降低公司的代理成本；机构投资者具有更为灵通的信息，监督管理者的成本更低，能够强化企业的内部监督机制。姚颐和刘志远(2009)的研究认为，机构投资的壮大有利于上市公司治理结构的完善。范海峰和胡玉明(2010)认为，机构投资者能够改善公司治理结构，提高监督能力，降低代理成本；并且由于具有独特优势，对企业的R&D项目有清醒的判断，其交易可以降低资本市场普遍的信息不对称，从而有效降低公司的股权融资成本和系统风险。机构投资者持股可以抑制控股股东和管理层的代理问题，降低代理成本，进而降低股权融资成本。张婉君和罗威(2010)基于我国上市公司的研究发现，机构投资者持股比例的提高会降低企业的股权融资成本。张纯和吕伟(2007)认为，发展机构投资者是解决证券市场信息不对称和代理问题的重要手段，机构投资者参与能够降低企业的信息不对称程度，降低代理成本。他们利用实证数据考察了机构投资者对国有和民营企业融资约束的影响，发现机构投资者能够缓解民营企业所面临的融资约束，提高民营企业的负债融资能力；而且机构投资者大量持股的公司显然拥有更健全的公司治理结构。由于投资者愿意为良好的公司治理的企业支付更高的价格，因此，机构投资者可以提高投资者对企业的信心，降低公司潜在的融资成本。因此，机构投资者持股比例的提高能够增强监督能力，有效降低企业的代理问题，进而有效缓解企业 R&D 的融资约束问题。

此外，机构投资者具有专业、规模和人才优势，能够为优质的 R&D 项目提供支持。受机构投资者青睐的 R&D 项目容易受到社会的关注，为项目融资打下良好的基础。有研究表明，美国机构投资者的发展加剧了直接和间接融资市场的竞争，降低了企业间接融资的成本。此外，机构投资者具有一定的规模，有利于增加市场的资金供给，这也增加了 R&D 可融资的规模。

5.5 本章小结

本章主要分析了公司治理中董事会治理和机构投资者持股对企业 R&D 融资约束的影响，阐述了这些机制是如何降低企业 R&D 面临的融资约束的。董事会治理方面分别从董事会规模和独立董事两个角度来分析其对企业 R&D 融资约束的影响。从董事会规模角度来看，作为董事会治理研究的一个必不可少的方面，大规模董事会对企业 R&D 融资约束存在两种不同的影响。董事会规模越大，董事会代表的利益广度越高，其知识结构也相对较为丰富，增强了投资者的投资信息，也能够提高董事会的监督力，对管理者产生监督和制衡作用，从而改善企业 R&D 的融资约束问题。然而大规模的董事会会产生沟通和协调问题，这使得董事会很难对企业融资发挥积极的效应，增大了 R&D 面临的融资约束问题。从独立董事角度来看，独立董事的引入就是为了提高董事会的独立性。独立董事具有监督、战略、政治及沟通职能，独立董事比例的提高能够有效降低信息不对称和代理问题，拓宽企业 R&D 融资的渠道，从而有效缓解企业 R&D 面临的融资约束。机构投资者方面，分析了机构投资者持股比例的提高对企业信息不对称和代理成本的影响，认为机构投资者能够利用其专业、信息、人才和规模优势，有效降低 R&D 的信息不对称，改善企业的公司治理水平，降低企业 R&D 项目的代理成本，并且增加了 R&D 可融资的规模，从而有效缓解了我国上市公司 R&D 投资面临的融资约束。

第6章

公司治理对企业R&D融资约束的缓解效应的实证研究

6.1 引 言

依据经典的MM理论,在无摩擦的资本市场中,企业的内部资本和外部资本是可以完全替代的,企业的R&D投资与其他投资一样不受资金结构和融资渠道的影响,只取决于企业的技术偏好和产量需求。然而,现实世界并不是完美的,企业由于内外部成本差异,无法支付过高的外部融资成本而导致融资不足,产生了融资约束现象。信息不对称和代理问题都可能导致企业外部融资成本过高,并且决定了企业的融资约束程度(张纯、吕伟,2007;Myers & Majluf,1984)。企业的R&D项目要比一般的固定投资项目面临更高的信息不对称和代理问题,这就加重了企业R&D的融资约束程度。公司治理作为现代企业制度的核心机制,毫无疑问会对企业的融资约束行为产生重要的影响。董事会作为公司治理的核心,对企业的参与主体之一的管理者负有监督责任,董事会治理有效性是公司治理的关键。机构投资者作为强有力的外部投资者,可以确保公司治理机制的有效性。有效的董事会和机构投资者治理应该会对企业 R&D 的融资约束起到重要的缓解效应。已有大量的国外研究表明,公司治理能够缓解资本市场上的信息不对称和代理问题。然而目前国内外的研究侧重于固定资产投资的融资约束,很少有针对公司治理对企业 R&D 的融资约束问题的研究。本章以沪深两市 2007—2011 年非金融类 191 家上市公司的面板数据实证考察了公司治理中董事会和机构投资者对我国上市公司 R&D 融资约束的缓解效应,以丰富上市公司治理问题和 R&D 融资约束问题的研究,同时为我国公司治理和 R&D 融资约束问题的改善提供新的思路。

6.2 研究假设

6.2.1 董事会规模、融资约束与 R&D 投资

董事会规模是董事会治理研究的一个必不可少的方面,董事会规模对企业 R&D 融资约束可能会存在两个不同的影响。依据资源依赖理论,董事会的规模可以作为一个组织通过与外部环境相联系以获取关键资源的能力的计量指标,反映了公司订约环境的大致“内容”和董事会服务所提供的专家建议的数量。Lang & Lundholm(1993)认为,信息披露水平的提高能够有效降低外部融资的成本。大规模的董事会增加了有关企业 R&D 信息提供的渠道,为企业 R&D 融资拓宽了渠道,既可以吸引大批投资者前来投资,也可以降低信息不对称,增加股票的流动性,从而降低公司融资成本。董事会规模越大,董事会代表的利益广度越高,其知识结构也相对较为丰富,从而通过的 R&D 项目决策更具有科学性,这也向投资者传递了一个良好的信号,增强了投资者的投资信心,从而改善了企业 R&D 的融资约束问题。大规模董事也能够提

高董事会的监督力,对管理者产生监督和制衡作用,从而减少对R&D的代理成本,进一步降低R&D的融资成本。Klein(2002)的研究认为,董事会规模能够影响董事会工作,董事会监督能力随着董事会规模的扩大而增加,董事会的这些功能进一步降低了企业R&D融资的成本,拓宽了R&D融资的渠道,从而有效缓解了企业R&D的融资约束。

然而董事会规模过大容易导致沟通协调问题,增加代理成本,进而增加企业的融资约束。大董事会的效率要低于小董事会,因为,如果董事会太大,在董事会内部就会产生诸如搭便车之类的代理问题,董事会就只是象征性的橡皮图章,仅仅是参与管理程序的一个较小的部分(Lipton & Lorsch,1992)。而且在外部融资中,董事会增加意味着各投资主体在利益的沟通协调上可能存在更大的分歧,难以达成一致的意见,或者公司为了协调各投资者的利益而必须付出高昂的交易成本,结果外部融资所带来的收益将被抵消,不利于企业R&D融资约束的缓解。因此,我们提出如下两个假设。

假设1a:董事会规模越大,企业R&D投资所面临的融资约束越小。

假设1b:董事会规模越小,企业R&D投资所面临的融资约束越大。

6.2.2 独立董事、融资约束与R&D投资

董事会的出现是为了解决现代公司所有权与控制权的分离所产生的股东与管理者之间的代理问题,其主要职能是监督和任命管理者,并且为公司提供决策支持系统。但如果董事会成员全部是内部董事,就会产生内部人自我监督、为自己制定报酬的现象,内部董事有可能与管理者合谋侵害公司的权益。独立董事的引入就是为了提高董事会的独立性,保证董事会的监督效率。另外,董事会负责监督管理者的经营决策,并对公司重大的投资决策进行审查和批准。董事会通过监督职能、战略、政治及沟通职能来影响企业R&D的融资约束。独立董事比例的提高能够增强董事会对管理者的监督能力,有效降低代理成本(Fama,1980;Fama & Jensen,1983)。监督职能是独立董事最基本的职能,监督能力的提高可以有效缓解信息不对称和代理问题,进而缓解企业

R&D 受到的融资约束。Ho & Wong(2001)、Ferdinand(2004)的结论表明,企业的资源性信息披露程度随独立董事比例的提高而增强。独立董事能够对管理层和股东进行有效的监督也体现在降低高管人员的在职消费(Brickley & James,1987)、解雇业绩不佳的 CEO(Weisbach,1998)、抑制大股东的掏空行为,从而降低公司 R&D 项目的风险水平,而这会降低投资者尤其是中小投资者要求的回报率,进而降低了权益融资成本。独立董事的监督能力越强,债权人的利益就越能得到有效保护,债务融资约束越小(Byrd & Hickman,1992;胡苏,2011)。独立董事一般都具有良好的教育和专业背景以及商业阅历,能够利用所掌握的技术和知识为公司的技术创新活动提供智力支持,做出有利于公司股东的 R&D 决策。独立董事与外部有较多的联系,具有一定的凝聚力和影响力,能够帮助公司更广泛地接触其他行业、金融市场、政府和新闻媒体,可以为公司与大众架起沟通的桥梁,加强公司与外部的联系,树立良好的公司形象,能够为市场传递关于 R&D 项目的良好信号,增强潜在投资者对 R&D 项目的投资信心,提高股票的价格,并且吸引银行等债权人的贷款,从而改善 R&D 的融资约束问题。独立董事的政治职能能够帮助企业获得来自政府的积极影响。Agrawal & Knoeber(1996)的研究发现,政治因素对于企业独立董事的雇用有很大的影响,公司也愿意雇用拥有政治背景的人员担任独立董事。具有政治背景的董事拥有更多的政治资源,企业在对 R&D 融资时,可以凭借这些资源获得更多的外部融资。

因此,独立董事通过发挥监督、战略、政治及沟通职能,在企业对 R&D 项目融资时,可以有效提高 R&D 项目的信息披露水平,降低公司与投资者的信息不对称程度,降低企业的代理成本,拓宽企业 R&D 融资的渠道,进而降低企业融资的成本并提高企业融资的数量,而且独立董事比例越高,企业的 R&D 融资约束程度越小。因此,我们提出假设 2。

假设 2:独立董事比例越高,企业 R&D 投资所面临的融资约束越小。

6.2.3 机构投资者、融资约束与 R&D 投资

近年来，机构投资者不断发展壮大，已经成为公司治理的重要组成部分。对于机构投资者的研究已经吸引了越来越多的目光，然而目前鲜有人员研究机构投资者对企业 R&D 融资约束的影响。机构投资者可以从降低信息不对称和代理成本两个方面来影响企业 R&D 的融资约束。机构投资者持股可以降低 R&D 项目的信息不对称程度，从而缓解 R&D 的融资约束问题。由于上市公司在特定范围内资源性披露信息的原因，机构投资者能够获得更多关于企业发展的内部信息。另外，机构投资者在技术理解、信息获取等方面占有优势，信息搜集、加工和处理能力非常强，能够依据专业的分析手段、投资经验对企业的 R&D 项目进行综合、全面、准确的分析和判断，因此，能够降低投资者的信息成本，进而降低融资成本。同时机构投资者不仅可以通过公开渠道获取公司的信息，而且可以通过与管理层私下沟通来获取关于 R&D 项目的内部信息，并且会将这些信息传递给其他的股东和利益相关者，机构投资者充当了信息的传递中介，有助于减轻信息不对称问题。机构投资者持股比例越高，其挖掘 R&D 项目信息的能力越大，而且公司也愿意与大规模的机构投资者交流信息，以弥补其公开披露的不足。在降低代理成本方面，Jensen(1986)认为，机构投资者能够有效地监督管理层，对企业高管构成较强的约束。机构投资者持股越多，监督管理层的动力就越大，有助于缓解中小股东的搭便车问题(Maug，1998)，有效缓解企业的代理问题。相比于个人投资者，机构投资者具有专业、信息和资金优势，能够提升公司的治理水平，降低公司的代理成本，并且机构投资者具有更为灵通的信息，监督管理者的成本更低，能够强化企业的内部监督机制(李维安和李滨，2008)。范海峰和胡玉明(2010)认为，机构投资者能够改善公司治理结构，提高监督能力，降低代理成本；并且由于具有独特优势，对企业的 R&D 项目有清醒的判断，其交易可以降低资本市场普遍的信息不对称，从而有效降低公司的股权融资成本和系统风险。机构投资者持股可以抑制控股股东和管理层的代理问题，降低代理成本，进而降低股权融资成本。

张婉君和罗威(2010)基于我国上市公司的研究发现,机构投资者持股比例的提高会降低企业的股权融资成本。机构投资者大量持股的公司显然拥有更健全的公司治理结构。由于投资者愿意为良好的公司治理的企业支付更高的价格,因此,机构投资者可以提高投资者对企业的信心,降低公司潜在的融资成本。

此外,机构投资者具有专业、规模和人才优势,能够为优质的 R&D 项目提供支持。受机构投资者青睐的 R&D 项目容易受到社会的关注,为项目融资打下良好的基础。有研究表明,美国机构投资者的发展加剧了直接和间接融资市场的竞争,降低了企业间接融资的成本。而且机构投资者具有一定的规模,有利于增加市场的资金供给,这也增加了 R&D 可融资的规模。因此,我们提出假设 3。

假设 3:机构投资持股比例越高,企业所面临的融资约束越小。

6.3 研究设计

6.3.1 模型及变量定义

为了考察公司治理对企业 R&D 融资约束的影响,我们在第 4 章所采用的欧拉方程中的模型基础上加入公司治理(GOV)与现金流 CF 的交互变量来衡量公司治理对企业 R&D 融资约束的缓解效应,得到如下三个模型:

$$\left(\frac{R}{K}\right)_{i,t}=\alpha_0+\alpha_1\left(\frac{R}{K}\right)_{i,t-1}+\alpha_2\left(\frac{R}{K}\right)^2_{i,t-1}+\alpha_3\left(\frac{S}{K}\right)_{i,t-1}+\alpha_4\left(\frac{CF}{K}\right)_{i,t-1}+\alpha_5\left(\frac{CF}{K}\right)_{i,t-1}\times \mathrm{BSIZE}+\varepsilon_{i,t} \tag{6.1}$$

$$\left(\frac{R}{K}\right)_{i,t}=\beta_0+\beta_1\left(\frac{R}{K}\right)_{i,t-1}+\beta_2\left(\frac{R}{K}\right)^2_{i,t-1}+\beta_3\left(\frac{S}{K}\right)_{i,t-1}+\beta_4\left(\frac{CF}{K}\right)_{i,t-1}+\beta_5\left(\frac{CF}{K}\right)_{i,t-1}\times \mathrm{OUT}+\varepsilon_{i,t} \tag{6.2}$$

$$\left(\frac{R}{K}\right)_{i,t}=\lambda_0+\lambda_1\left(\frac{R}{K}\right)_{i,t-1}+\lambda_2\left(\frac{R}{K}\right)^2_{i,t-1}+\lambda_3\left(\frac{S}{K}\right)_{i,t-1}+\lambda_4\left(\frac{CF}{K}\right)_{i,t-1}$$

$$+\lambda_5\left(\frac{CF}{K}\right)_{i,t-1}\times \text{INST}+\varepsilon_{i,t-1} \qquad (6.3)$$

在上面三个模型中，i 表示公司，t 表示年份，R 代表公司的 R&D 投资，K 代表公司总资产，S 代表销售收入，本书以主营业务收入来度量，CF 代表企业现金流。现金流的定义通常为扣除非经常项目和折旧前的收入减去现金股利，由于部分数据难以收集，本书采用企业年度经营活动产生的现金流净额来代替。模型(6.1)中，BSIZE 代表董事会规模，采用董事会总人数来表示；模型(6.2)中 OUT 代表独立董事比例(OUT)，采用独立董事人数与董事会总人数的比例来表示；模型(6.3)中 INST 代表机构投资者持股比例，以机构投资者持股比例(INST)与各类投资者持有公司股票的比例之和来表示。如果 α_5 的符号为负并且显著，则表明董事会规模降低了企业 R&D 投资对内部现金流的依赖，也即董事会规模增大降低了企业 R&D 面临的融资约束。如果 β_5 的符号为负并且显著，则表明独立董事降低了企业 R&D 投资对内部现金流的依赖，也即独立董事比例的提高降低了企业 R&D 面临的融资约束。如果 λ_5 的符号为负并且显著，则表明机构投资者持股比例的提高降低了企业 R&D 投资对内部现金流的依赖，也即机构投资者持股比例的提高降低了企业 R&D 面临的融资约束。

6.3.2 研究方法

由于模型(6.1)、(6.2)、(6.3)中采用被解释变量的滞后项作为解释变量，因此，这两个动态方程的解释变量存在内生性问题，如果应用面板数据的随机效应或者固定效应对模型进行估计，得到的参数估计值将是一个有偏的、非一致的估计量，因此，基于估计结果产生的经济含义也肯定是扭曲的。为解决这个问题，我们仍采用 GMM 方法。

6.3.3 研究样本及数据来源

本书选择 2007—2011 年沪深两市非金融类上市公司为初始研究对象，然后对其采取以下筛选过程：

(1)剔除金融类上市公司，由于其财务标准不同于其他行业的上市公司；

(2)根据皮永华(2005)、解维敏(2011)的研究，研发投入企业一般集中于信息技术业和制造业，因此，我们以这两个行业为本书的分析样本，对其他行业样本予以剔除；

(3)剔除未连续5年披露R&D投资的公司，最终得到191家上市公司作为研究样本。

本书所使用的数据包括R&D投资数据、地区金融发展水平数据以及企业财务特征数据。其中企业的R&D投资数据来源于中国证监会指定信息披露网站——巨潮咨询网(www. cninfo. com. cn)提供的年度报告全文中披露的数据。本书通过手工收集整理获得。用于度量地区金融发展水平的全部数据来源于《中国金融年鉴》，企业财务数据来源于北大色诺芬数据库(CCER)。

6.4 实证结果分析

6.4.1 主要变量的描述性统计

表6-1给出了主要变量的描述性统计结果。从表6-1可以看出，所有样本公司中董事会规模在五年中的均值为5.33，2007—2011年每年董事会平均规模的变化较小，分别为5.300、5.450、5.170、5.250和5.490。表明在样本公司中一般有五名董事会成员，并且各公司董事会成员数目的差别也比较大，最多的达到10名，而最少仅有1名。在所有样本公司中，独立董事比例在五年中的均值为0.536，说明在样本公司董事会中平均拥有一半以上的独立董事，而且独立董事比例最大为1，最小为0。机构投资者持股比例在五年中的均值为0.375，机构投资者持股比例最大为0.985，最小为0，并且样本公司中，机构投资者持股比例均值随年份的增加而稳步上升，分别为0.244、0.299、0.397、0.466、0.472。

表 6-1　主要变量的描述性统计结果

变量	年度	观测值	均值	标准差	最小值	最大值
董事会规模	2007—2011	955	5.330	2.019	1.000	10.000
	2007	191	5.300	2.222	1.000	10.000
	2008	191	5.450	1.943	1.000	10.000
	2009	191	5.170	2.097	1.000	10.000
	2010	191	5.250	2.108	1.000	10.000
	2011	191	5.490	1.689	1.000	10.000
董事会比例	2007—2011	955	0.536	0.201	0.000	1.000
	2007	191	0.509	0.219	0.000	1.000
	2008	191	0.543	0.187	0.000	1.000
	2009	191	0.533	0.214	0.000	1.000
	2010	191	0.528	0.206	0.000	1.000
	2011	191	0.567	0.171	0.000	1.000
机构投资者持股比例	2007—2011	955	0.375	0.249	0.000	0.985
	2007	191	0.244	0.231	0.000	0.918
	2008	191	0.299	0.241	0.000	0.985
	2009	191	0.397	0.243	0.000	0.918
	2010	191	0.466	0.227	0.000	0.921
	2011	191	0.472	0.219	0.000	0.919

6.4.2 回归结果分析

1. 董事会规模、融资约束与R&D投资

我们对动态模型(6.1)分别进行OLS、固定效应和一阶系统GMM模型估计，表6-2给出了董事会规模对企业R&D融资约束的影响结果。从表6-2来看，一阶系统GMM估计的Sargan值为19.530，p值为0.242，不能拒绝工具联合有效的原假设，这表明我们选取的工具变量是有效的。残差自相关AR(1)的值为−6.750，p值为0.000，AR(2)的值为−0.600，p值为0.547，

AR(1)的检验值能够拒绝原假设，而AR(2)的检验值不能够拒绝原假设，这表明一阶差分方程中的残差项不存在二阶自相关，表明我们的模型设定是合理的。表6-2中被解释变量的滞后项$(\frac{R}{K})_{t-1}$在混合OLS模型的估计值为0.735，固定效应模型的估计值为−0.168，而$(\frac{R}{K})_{t-1}$的一阶系统GMM估计值为0.543，确实处于其他两个估计值之间，这进一步说明了我们选取的GMM估计是有效的。

表6-2 董事会规模、融资约束与企业R&D投资

变量	OLS	FE	GMM
Intercept	0.004* (1.902)	0.024*** (6.455)	0.008*** (3.073)
$(\frac{R}{K})_{t-1}$	0.735*** (11.961)	−0.168* (−1.806)	0.543*** (5.362)
$(\frac{R}{K})^2_{t-1}$	−1.948***	−0.171 (−0.530)	−1.365*** (−3.891)
$(\frac{S}{K})_{t-1}$	−0.002 (−1.377)	0.011** (−2.557)	−0.004** (−2.297)
$(\frac{CF}{K})_{t-1}$	0.102*** (4.837)	0.036 (1.399)	0.073*** (2.702)
BSIZE×$(\frac{CF}{K})_{t-1}$	−0.008 (−1.139)	0.003 (0.700)	−0.002 (−0.375)
N	764	764	764
R square	0.231	0.102	
AR(1)			−6.750
AR(1) p-value			0.000
AR(2)			−0.600
AR(2) p-value			0.547
Sargan			19.530
Sargan p-value			0.242

注：***表示在1%的置信水平上显著；**表示在5%的水平上显著；*表示在10%的水平上显著。括号内是各估计参数的t值。

从表6-2来看，在GMM估计的结果中，董事会规模与现金流的交叉项(BSIZE×$(\frac{CF}{K})_{t-1}$)的系数－0.002，虽然为负，但在10%的水平上并不显著，而且在混合OLS和固定效应估计中的系数分别为0.003，－0.002，也都在10%的水平上不显著。这表明董事会规模并没有降低企业R&D投资对内部现金流的依赖，也即董事会规模的提高不能缓解企业R&D面临的融资约束问题。造成这种结果的原因可能是大规模的董事会对企业的融资产生两方面的影响：一方面，董事会代表的利益广度越高，其知识结构也相对较为丰富，从而通过的R&D项目决策更具有科学性，这也向投资者传递了一个良好的信号，增强了投资者的投资信心；大规模董事会也能够提高董事会的监督力，对管理者产生监督和制衡作用，从而减少对R&D的代理成本，进一步降低R&D的融资成本，从而改善企业R&D的融资约束问题。另一方面，大规模的董事会会产生沟通和协调问题，这使得董事会很难对企业融资发挥积极的效应，而且在外部融资中，董事会增加意味着各投资主体在利益的沟通协调上存在更大的分歧，难以达成一致的意见，或者公司为了协调各投资者的利益而必须付出高昂的交易成本，增大了R&D面临的融资约束问题。而针对我国的上市公司，董事会规模对企业R&D融资约束的积极效应被消极效应所抵消，从而表现出董事会规模对企业的融资约束没有起到有效的缓解作用，这支持了我们的假设1b，而我们的假设1a不成立。

2. 独立董事、融资约束与R&D投资

我们对动态模型(6.2)分别进行OLS、固定效应和一阶系统GMM模型估计，表6-3给出了独立董事比例对企业R&D融资约束的影响结果。从表6-3来看，一阶系统GMM估计的Sargan值为18.900，p值为0.274，不能拒绝工具联合有效的原假设，这表明我们选取的工具变量是有效的。残差自相关AR(1)的值为－7.070，p值为0.000，AR(2)的值为－0.040，p值为0.969，AR(1)的检验值能够拒绝原假设，而AR(2)的检验值不能够拒绝原假设，这表明一阶差分方程中的残差项不存在二阶自相关，表明我们的模型设定是合理的。表6-3中被解释变量的滞后项$(\frac{R}{K})_{t-1}$在混合 OLS 模型的估计值为 0.751,固定效应模型的估计值为−0.151,而$(\frac{R}{K})_{t-1}$的一阶系统 GMM 估计值为0.564,确实处于其他两个估计值之间,这进一步说明了我们选取的 GMM 估计是有效的。

从表 6-3 来看,在 GMM 估计的结果中,独立董事比例与现金流的交叉项$(OUT\times(\frac{CF}{K})_{t-1})$的系数为−0.110,并且在 5%的水平上显著,同时在混合 OLS 和固定效应估计中的系数分别为−0.165 和−0.055,而且分别在 1%和 10%的水平上显著。这表明我国的独立董事发挥了积极的效用。独立董事比例的提高增加了公司董事会的监督职能,有效弥补了监督者缺位的不足,从而有效降低了 R&D 项目的信息不对称和代理问题。并且独立董事具有的战略、政治及沟通技能,能够帮助公司更广泛地接触其他行业、金融市场、政府和新闻媒体,可以为公司与大众架起沟通的桥梁,加强公司与外部的联系,树立良好的公司形象,能够为市场传递关于 R&D 项目的良好信号,增强了潜在投资者对 R&D 项目的投资信心,提高了股票的价格,并且吸引了银行等债权人的贷款。因此,独立董事比例的提高能够有效降低信息不对称和代理问题,拓宽企业 R&D 融资的渠道,进而降低企业融资的成本,并提高企业融资的数量,从而有效缓解企业 R&D 面临的融资约束。这支持了我们的假设 2,即独立董事比例越高,企业的 R&D 融资约束程度越小。

表 6-3　独立董事比例与企业 R&D 融资约束

变量	OLS	FE	GMM
Intercept	0.004** (2.013)	0.024*** (6.462)	0.008*** (3.213)
$(\frac{R}{K})_{t-1}$	0.751*** (12.334)	−0.151 (−1.620)	0.564*** (5.529)
$(\frac{R}{K})^2_{t-1}$	−1.973*** (−8.268)	−0.179 (−0.557)	−1.412*** (−4.003)
$(\frac{S}{K})_{t-1}$	−0.002* (−1.775)	−0.011** (−2.570)	−0.004** (−2.520)

续表

变量	OLS	FE	GMM
$(\frac{CF}{K})_{t-1}$	0.146*** (6.948)	0.078*** (3.311)	0.118*** (4.471)
$OUT\times(\frac{CF}{K})_{t-1}$	−0.165*** (−4.496)	−0.055* (−1.754)	−0.110** (−2.368)
N	764	764	764
R square	0.247	0.104	
AR(1)			−7.070
AR(1) p-value			0.000
AR(2)			−0.040
AR(2) p-value			0.969
Sargan			18.900
Sargan p-value			0.274

注：*** 表示在 1%的置信水平上显著；** 表示在 5%的水平上显著；* 表示在 10%的水平上显著。括号内是各估计参数的 t 值。

3. 机构投资者、融资约束与 R&D 投资

我们对动态模型(6.3)分别进行 OLS、固定效应和一阶系统 GMM 模型估计，表 6-4 给出了机构投资者持股比例对企业 R&D 融资约束的影响结果。从表 6-4 来看，一阶系统 GMM 估计的 Sargan 值为 21.630，p 值为 0.156，不能拒绝工具联合有效的原假设，这表明我们选取的工具变量是有效的。残差自相关 AR(1)的值为−6.720，p 值为 0.000，AR(2)的值为−0.530，p 值为 0.596，AR(1)的检验值能够拒绝原假设，而 AR(2)的检验值不能够拒绝原假设，这表明一阶差分方程中的残差项不存在二阶自相关，表明我们的模型设定是合理的。表 6-4 中被解释变量的滞后项$(\frac{R}{K})_{t-1}$在混合 OLS 模型的估计值为0.785，固定效应模型的估计值为−0.142，而$(\frac{R}{K})_{t-1}$的一阶系统 GMM 估计值为 0.599，确实处于其他两个估计值之间，这进一步说明了我们选取的 GMM 估计是有效的。

表 6-4 机构投资者持股比例与企业 R&D 融资约束

变量	OLS	FE	GMM
Intercept	0.003 (1.475)	0.025*** (6.624)	0.007*** (2.814)
$(\frac{R}{K})_{t-1}$	0.785*** (12.742)	−0.142 (−1.539)	0.599*** (5.852)
$(\frac{R}{K})^2_{t-1}$	−2.108*** (−8.768)	−0.162 (−0.509)	−1.543*** (−4.367)
$(\frac{S}{K})_{t-1}$	−0.000 (−0.298)	0.101*** (5.026)	0.122*** (6.063)
$(\frac{CF}{K})_{t-1}$	0.122*** (7.741)	0.101*** (5.026)	0.122*** (6.063)
$INST\times(\frac{CF}{K})_{t-1}$	−0.141*** (−4.810)	−0.134*** (−3.181)	−0.146*** (−3.818)
N	764	764	764
R square	0.250	0.117	
AR(1)			−6.720
AR(1) p-value			0.000
AR(2)			−0.530
AR(2) p-value			0.596
Sargan			21.630
Sargan p-value			0.156

注：*** 表示在1%的置信水平上显著；** 表示在5%的水平上显著；* 表示在10%的水平上显著。括号内是各估计参数的 t 值。

从表 6-4 来看，不论是 GMM 估计的结果还是混合 OLS 或固定效应估计结果，独立董事比例与现金流的交叉项（$INST\times(CF/K)_{t-1}$）的系数在都在1%的水平上显著为负，并且分别为−0.146，−0.141，−0.134。这说明我国机构投资者发挥了积极的效用，机构投资者的专业、信息和人才上的优势，能够有效降低 R&D 的信息不对称，改善企业的公司治理水平，对企业 R&D 项目实施有效的监督，降低企业 R&D 项目的代理成本，为优质的 R&D 项目树立形象支持，受机构投资者青睐的R&D项目容易受到社会的关注，而且机构投资者具有一定的规模，有利于增加市场的资金供给，这也增加了R&D可融资的规模，因此，我国上市公司机构投资者持股比例的提高，显著降低了企业R&D投资对内部现金流的依赖，最终表现为降低了企业R&D所面临的融资约束，我们的假设3得到验证。

6.5 本章小结

本章利用2007—2011年中国上市公司面板数据和动态面板广义矩估计方法，讨论了公司治理机制对企业R&D融资约束的缓解效应，具体考察了董事会规模、独立董事比例和机构投资者持股比例对企业R&D融资约束的影响。结果显示：

(1)我国上市公司董事会规模并没有降低企业R&D投资对内部现金流的依赖，也即董事会规模的提高不能缓解企业R&D面临的融资约束问题。这可能是因为大规模的董事会对企业的融资产生了积极和消极两个方面的影响。积极方面，大规模的董事会提高了监督能力，减少了信息不对称和代理问题，进而降低了R&D融资约束；而消极方面，大规模董事会容易存在沟通和协调问题，这影响了董事会的监督效率，并且增加了公司的建议成本，从而增大了融资R&D面临的融资约束。这两方面的影响相互抵消，从而表现出董事会规模对企业的融资约束没有显著的影响。

(2)我国上市公司独立董事比例的提高显著降低了企业R&D投资对内部现金流的依赖，也即独立董事显著缓解了企业R&D面临的融资约束。上市公司独立董事比例越高，其R&D投资面临的融资约束越小，而独立董事比例较低的企业，其R&D投资则面临较大的融资约束。这表明我国的独立董事发挥了积极的效用。独立董事有效地执行了监督、战略、政治及沟通职能，有效地降低R&D项目的信息不对称和代理问题，可以为公司与大众架起沟通的桥梁，树立良好的公司形象，增强了潜在投资者对R&D项目的投资信心，降低了企业R&D的融资成本，并提高了企业R&D融资规模，从而有效缓解了企业R&D面临的融资约束。

(3)我国上市公司中机构投资者持股比例的提高显著降低了企业R&D投资对内部现金流的依赖，也即机构投资者持股显著缓解了企业R&D面临的融资约束。机构投资者持股比例与企业R&D面临的融资约束负相关，机构投资持股比例较高的企业，其R&D面临的融资约束较小。这说明我国机构投资者发挥了积极的效用，利用其专业、信息、人才和规模优势，有效降低了R&D的信息不对称，改善了企业的公司治理水平，降低了企业R&D项目的代理成本，并且增加了R&D可融资的规模，从而有效缓解了我国上市公司R&D投资面临的融资约束。

总的来说，本章的经验证据表明，独立董事和机构投资者持股有助于缓解企业R&D面临的融资约束问题，而董事会规模则对企业的R&D融资约束没有影响。本章验证了公司治理机制对企业R&D融资约束的影响，拓展了关于公司治理、R&D融资行为领域的相关研究。依据本章的结论，我们提出如下政策建议：

(1)对于我国的上市公司而言，应选择适当的董事会规模，而不是一味增大董事会规模，并且合理解决大规模董事会的沟通协调问题，提高董事会的效率，更多地利用董事所提供的技能和服务，建立公司的外在形象，帮助企业的R&D活动获得更多的融资，减低企业R&D面临的融资约束问题。

(2)独立董事的引入对于我国企业R&D投资的融资约束还是起到了一定的积极作用，因此，独立董事改革的工作重点就是适当增加独立董事人数，进一步健全和完善独立董事制度，保持独立董事的独立性，规范独立董事的聘任制度，建立独立董事问责制或风险承担机制，从而增强董事会的独立性，使独立董事能够更好地发挥监督、战略、政治及沟通职能，有效地化解企业R&D的信息不对称和代理问题，增加R&D融资渠道和数量，降低企业R&D活动的融资约束。

(3)虽然我国机构投资者已经能够对企业R&D面临的融资约束起到了

缓解作用，然而我国的机构投资者在规模、数量与运营机制上与欧美等发达国家仍有较大差距。因此，在现有基础上必须大力培育机构投资者，通过适当降低对机构投资者集中持股的限制来加大机构投资者参与公司治理的脚步，加强机构投资者积极参与公司治理的外部市场建设，从而使机构投资者在降低企业 R&D 融资约束方面发挥更大的作用。

第7章

金融发展缓解企业 R&D 融资约束的机理分析

7.1 金融发展的功能分析

在深入分析金融发展对企业 R&D 融资约束的影响之前，有必要对金融发展的内涵和功能及其如何对整个经济、企业融资产生的影响进行系统分析。金融发展是指金融中介和金融市场的发展，并通过利率和汇率等杠杆促进储蓄以更高的比例转化为投资，提高资金的使用效率和资本的配置效率，以资本积累和技术进步来促进经济增长(沈坤荣，2004)。饶华春(2009)指出，金融发展水平是影响企业融资约束的重要因素。市场摩擦的存在导致了金融市场和金融中介的出现，金融发展能够显著降低信息成本、金融合约执行成本和交易实施成本，自然而然地在时间和空间上影响着企业的融资。

Merton & Bodie(1993)最早提出了金融功能观点，此后 Merton & Bodie (2000，2004)和 Levine(2005)对金融的功能进行了进一步充实和扩展。总的来看，金融发展的功能主要体现在以下几个方面。

7.1.1 信息处理功能

20世纪80年代，经济学家罗默就曾指出，信息作为一种重要的生产要素，在资源配置等经济活动中具有重要的作用。在一个充满不确定性的社会中，对企业、管理层以及市场条件等进行评估的相关成本是非常高昂的。在制定决策前，由于单个投资者往往缺乏搜集、处理以及生成可能的投资信息的能力，难以独立承担高昂的信息成本，这使得具有闲散资金的投资者无法把资金投向那些仅有少量不可靠信息的企业和项目上。因此，高昂的信息成本阻碍了资金流向能够产生更高收益的经济活动，不利于企业的融资。在已有的相关研究中，当各种经济模型假设资金配置到能够产生最高收益的企业的时候，其前提假设就是投资者具有关于企业管理层以及市场条件的良好的信息(Bagehot,1873)。

信息获取费用的存在促进了金融中介的出现，金融中介通过减少信息搜集和处理成本来改善企业融资并改进资源配置(Boyd & Prescott,1986)。如果没有金融中介，那么每位投资者都必须支付评估企业管理层以及市场经济条件等相关的固定成本。而如果投资者组成团体，成立相应的金融中介，就可以利用金融中介来共同承担信息的搜集、处理成本，并确定合适的投资机会。因此，利用金融中介的信息优势，能够减少重复获取和处理信息的成本，使单个投资者获取或处理投资者信息的费用更经济化。Boyd & Prescott(1986)的研究认为，银行这样的金融中介主要功能是吸收存款和发放贷款。Allen(1990)、Bhattacharya & Pfeiderer(1985)、Ramakrishnan & Thakor(1984)的研究模型认为，金融中介除了吸收存款和发放贷款的功能之外，还包括投资信息的生产和销售的功能，而且与Boyd & Prescott(1986)的观点不同，他们认为，金融中介在动员储蓄并把储蓄投资到企业的过程中，债务合约并不是必不可少的和完全必要的。金融中介的发展能够向投资者提供关于企业资金需求的信息，反映企业的经营状况，进而帮助有前途的企业筹集到更多的资金，改善资金的配置效率(Greenwood & Jovanovic,1990)。除此之外,股票市场的发展同样能够促进企业信息的生产和传播,在规模更大、流动性更强的股票市场中,股票经纪人将有更大的动力并愿意投入更多的资源去研究和分析企业,因为他们可以通过这些信息在流动性良好的市场中通过交易获利(Grossman & Stiglitz,1980;Kyle,1984;Holmstrom & Tirole,1993)。

同时,金融市场和金融中介还有传递和显示信息的功能。资金供求方利用金融信息的显示和传递功能来汇集和沟通相关的信息,为项目的融资提供信息基础。为在贷款前对贷款人进行选择、贷款后对贷款人进行信贷配给和事后监督,金融中介在融资的前后需要获取关于企业的相关信息,而这些相关信息为企业提供了信息租金,引导了投资者的投资活动。

7.1.2 风险管理功能

在经济生活中,信息与交易成本的存在导致了企业生产、流动性等风险,而且大多数的投资者是风险厌恶的,单个投资者承担风险的能力也很有限,而他们为实现保本投资,往往会选择低风险的项目进行投资,这就可能使得一些具有前景的项目因缺乏资源而搁置。金融合约、金融市场以及金融中介的存在使投资者对风险的交易、规避和聚集更加便捷,对于改善资源配置、促进经济增长产生了重要意义。金融发展为投资者提供了更多的资产组合,分散了投资风险,并且通过优化的资产组合和专业化的风险管理降低了投资风险。Levine(2005年)将金融的风险管理功能分为横向风险分散、跨期风险分散和流动性风险分散三个方面,认为金融体系通过这三类功能来降低风险,优化投资组合。在单期风险分散中,金融系统能够减轻单个项目、单个企业、行业、区域乃至国家的风险。银行、共同基金、债券市场都能够为风险的交易、规避和聚集提供工具。金融系统分散风险的能力可以通过改变资源配置方式和储蓄率来影响经济的长期增长。由于储蓄者一般是厌恶风险的,而高收益的项目通常来说又是比低收益的项目风险高,因此,金融市场通过证券组合做到既帮助储蓄者规避风险,又能够在市场上引导资金投向高收益的项目,达到为高收益、高风险的项目筹集资金的目的。Acemoglu & Zilibotti(1997)的研究表明,允许代理人持有投资组合用以分散风险的金融系统有助于鼓励储蓄流向高收益的项目,进而对经济增长具有积极意义。在跨期风险分散中,金融中介的存在有利于对跨期风险进行分担平滑(Allen & Gale,1997)。永续经营的金融中介能够根据经济前景进行投资,并在繁荣时期提供略低的收益,而在经济不景气时期提供相对高的收益,达到跨期风险分担的效果。市场上的这种风险分担在理论上是可能的,因此,金融中介能够通过很低的契约成本来提高跨期风险分担的可行性,进而减少市场投融资的波动,平滑经济周期。在对流动性风险的分散中,流动性反应的是经纪人能够在一定的价格上将金融资产转换成实际购买力的成本和速度。流动性风险上升是因为与资产转换为货币这样的交换媒介相关的不确定性。信息不对称以及交易成本的存在制约了流动性的实现,增加了流动性风险。这些促使了能够有效减少市场摩擦的金融市场以及相关金融机构的出现,进而增强了流动性,降低了企业融资和经营风险。

7.1.3 项目治理功能

企业的生产和创新活动涉及众多主体,存在诸如投资者、管理层、债权人之间的委托代理问题,导致监督和代理成本的存在。而金融中介和金融市场的出现,可以及时搜集、获取关于企业活动的真实完整的信息,对企业的活动进行专业化的监控,并引导企业的管理层致力于最大化企业价值,而这将会提高企业资金的使用效率,并使投资者更愿意对企业的生产和创新活动进行投资。金融制度安排——股票市场、债务合约以及银行等金融中介——会对公司治理的改善和企业融资产生积极的影响。公众在股票市场上的交易行为能够有效地反映公司信息,使公司的所有者能够把股票价格和管理层的薪酬联系起来。把股票市场表现和管理层的薪酬联系起来可以使管理层的利益和股东的利益更加一致(Diamond & Verrecchia,1982)。同时,在高度发达的股票市场上对表现不良的公司进行兼并收购变得更加容易,如果表现不良的管理者在企业并购后会被辞退的话，那么运行良好的股票市场对管理效率低下公司的收购威胁就有利于改善公司治理和增强股东对公司的控制。对收购的恐惧能够激励管理层与股东的利益趋于一致，因而减少了股东的投资风险，有利于企业融资(Scharfstein，1988；Stein，1988)。大量的文献证实，债务合约能够降低监督企业内部人的成本(Townsend，1979；Gale & Hellwig，1985；Boyd & Smith，1994)。在金融中介方面，Diamond(1984)的模型表明，金融中介能够改善公司治理。金融中介动员分散的个人进行储蓄，然后把这些储蓄借给企业使用。金融中介通过发挥代理监控者职能达到改善公司治理的效能。金融中介可以利用其独特的信息搜集、处理功能，选择合适的项目并降低道德风险的概率。通过代理监控职能，金融机构能够设法避免信息不对称导致的逆向选择，并可以通过资本市场上的股权、债券对企业进行有效的监督。

7.1.4 动员储蓄功能

金融系统能够将分散的资金汇集起来，为资金供求方和储蓄者联系起来，为资金供求者提供所需的资金。由于将分散的储蓄资金汇集起来需要高昂的成本，而金融中介和金融市场的存在能够降低储蓄动员所存在的交易成本。为了减少金融合约的相关成本，动员储蓄和汇集资金的任务也可以由金融中介来完成。大量分散的投资者把资金托付给金融中介，金融中介把这些资金再投资给有需要的形形色色的企业(Sirri & Tufano，1995)。为了使这一切能够顺利进行，储蓄者必须了解具有动员储蓄和汇集资金功能的金融中介在投资方面的可靠性(Boyd & Smith，1992)。因此，金融中介非常在意建立良好的市场声誉，使得储蓄者相信并愿意把钱储蓄到它们手里(Long，1991；Lamoreaux，1995)。资金规模的扩大和汇集资金效率的提高无疑为企业融资提供了巨大的便利。

7.1.5 交易便利功能

金融体系能够降低交易成本，促进专业化分工、技术创新和经济增长。由于评估某种物品价值的成本较高，因而阻碍了物物交换，而一个被共同接受的一般等价物——货币使得交易更加便捷（King & Plosser，1986；Williamson & Wright，1994）。交易和信息成本的降低不仅仅发生在通过货币完成的单次交易中，金融支付工具的创新能够持续地降低交易成本和信息成本。Greenwood & Smith（1997）通过模型分析了交易、专业化程度和创新之间的关联关系。更高的专业化程度要求更频繁的交易。因为每次交易都是要付出成本的，因此，降低交易成本的金融发展促进了专业化分工。

7.2 金融发展缓解企业R&D融资约束的机理分析

技术创新是金融发展促进经济增长的微观渠道之一。企业R&D由于信息不对称和委托代理问题更为突出，受到的融资约束更为明显，对现金流更为敏感，而发达的金融发展水平能够通过有效的资源配置公司推进R&D投资（Hwang等，2010）。发达的金融发展水平能够降低信息搜集加工成本，降低企业与潜在投资之间的信息不对称程度以及委托代理问题，并且可能从成本和数量两个方面缓解企业R&D投资的融资约束问题。

金融发展能够降低R&D融资成本。由于企业的R&D投资存在高度的信息不对称，而且具有复杂性和专业性，这使得投资者对企业、管理层以及市场条件等进行评估的相关成本是非常高昂的。在决定是否投资R&D项目时，由于单个投资者往往缺乏搜集、处理以及生成可能的投资信息的能力，难以独立承担高昂的信息成本，这使得具有闲散资金的投资者无法把资金投向那些仅有少量不可靠信息的R&D项目上。因此，高昂的信息成本阻碍了资金流向能够产生更高收益的R&D项目，不利于企业R&D的融资。而金融发展具有信息处理功能，能够降低企业R&D融资存在的信息成本。Townsend(1979)较早地表明，金融机构能够通过信息处理并克服市场信息不对称问题，有利于企业融资。在金融市场中，股票市场是刺激信息制造的重要来源，更大更透明的股票市场能够刺激代理人积极向投资者提供有关企业R&D活动的信息。而金融中介和银行比单个的小投资者在搜集贷款企业信息方面更具有规模经济优势(Diamond,1984)，使得获取和处理R&D投资信息的费用更为经济化，并且能够通过显示和传递功能为R&D活动的所有方和潜在投资者提供相关信息的汇集和沟通，为投资者节约了大量的信息成本。金融中介的信息处理功能将降低企业的信息不对称程度，金融中介与客户的业务联系更为广泛，在关于R&D项目信息的搜集与获取方面更为便利，同时拥有专业化的评估技巧来对有前景的R&D项目进行选择和甄别。金融中介所独有的信息优势将降低企业R&D融资的信息不对称程度，进而降低企业的融资成本(Levine,1997)，提高资源的配置效率。此外金融发展除了能降低R&D信息获取费用外，还具有项目治理功能，能够有效降低企业的道德风险问题。金融机构能够减少R&D活动中对管理层进行监督以及对R&D进行控制监督的成本。金融中介和银行在搜集企业信息方面的规模经济优势也使得金融中介更有动力用搜集来的信息对企业进行监督和控制，从而克服单个小投资者在监督贷款企业时产生的搭便车问题(Diamond,1984)。而股票市场的存在也对企业发挥了间接的激励监督效应，通过股权交易可以使经营不善的企业面临被接管的危险，从而进一步激励管理层从事有利于企业的行为。金融发展的交易便利功能能够降低企业R&D活动的交易成本，从而降低企业R&D融资的成本。Adam Smith(1776)认为，金融通过降低交易成本能够提升专业化程度，并且促进技术创新以及经济增长。Greenwood & Smith (1997)通过模型分析了交易、专业化程度和创新之间的关联关系。更高的专业化程度要求更频繁的交易。因为每次交易都是要付出成本的，因此，降低交易成本的金融发展促进了专业化分工。King & Levine(1993)认为，金融中介能对潜在的有前景的企业提供融资支持，促进企业的技术创新活动。Rajan

& Zingles(1995)研究发现，金融发展能降低企业的外部融资成本，从而促进那些依赖外部融资的企业更好地成长。金融发展可以促进企业采用更健全的会计、信息披露制度和更好的公司治理制度，因而可以缓解信息不对称问题，减少企业外部融资成本。

金融发展能够增加 R&D 融资数量。随着金融体系的发展，金融中介的数量和质量都将不断提高，从而可以拓宽企业 R&D 融资的渠道，并增加 R&D 融资的数量。金融发展的信息处理功能有利于缓解企业 R&D 的融资约束。金融中介的发展提供了更好的信息功能，能够有效甄别 R&D 投资项目的好坏，使得银行对所有 R&D 项目不是"一刀切"，降低了银行的"信贷配给"。投资者在做出投资决策前，没有能力搜集、处理和生产投资项目的信息，而且由于 R&D 投资的信息搜集更为困难，信息搜集成本也更为昂贵，这就可能阻碍投资者将资本投向高信息成本的 R&D 活动。而发达的金融中介具有信息规模优势，能够减少重复获取和处理信息的成本，通过评估并选择有发展前景的高科技项目，将资金贷给好的 R&D 项目的企业。

金融发展的风险管理功能有利于缓解企业 R&D 融资约束。由于 R&D 活动一般都是高风险和长周期的活动，因此，进行这项投资的投资者面临较高的收益率风险和流动性风险。而大多数投资者是风险规避的，往往倾向于投资一些风险小、专业化程度低并且收益相对稳定的短期项目，而不愿参与这些具有高度不确定性的 R&D 项目。随着金融发展，金融体系的流动性为投资者迅速变现提供便利，降低了资金的流动性风险，同时投资者也可以通过资产组合的方式来分散风险。发达的金融体系通过横向分担风险，引导投资者改变投资策略，促进了资金流向 R&D 项目，提高了 R&D 融资的渠道和数量。

金融发展的动员储蓄功能也有利于缓解企业 R&D 的融资约束问题。金融中介的发展将提高公众的储蓄率并进行合理的分配，从而为企业的外部融资约束需求提供资金来源(Levine,1997)；金融系统可以将社会闲散资金聚拢起来，供给那些资金缺乏的企业和个人，这样可以很好地提高整个社会的资金效率。金融机构能够对资金需求者进行评估和审核，将资金供给那些具有高回报的项目，这使得具有创新活动的项目成为金融机构偏好的投资项目。金融系统的储蓄动员功能还在促进企业采用更好的技术和促进技术创新方面发挥关键的作用(Mckinnon，1998)。

金融发展的项目治理功能也能有效缓解企业 R&D 的融资约束问题。投资者对企业如何使用资金的监督和施加影响程度能对资金的流向和企业融资产生重要的影响。如果股东或者债权人能够在很大程度上监督企业，并引导企业的管理层致力于最大化企业价值，就会促使企业提高资金的使用效率，并使投资者更愿意对企业的生产和创新活动进行投资。相反，如果某些金融制度安排弱化了公司治理水平，则有可能不利于企业筹集资金，阻止资金流向能够创造更多利润的企业和用途(Stiglitz & Weiss，1983)。

Fuente & Maríne(1996)认为，由于信息不对称，技术发明活动会存在道德风险。因此，金融中介需要去监督技术发明，而这一行为需要耗费一定的成本。金融发展会降低金融中介的监督成本，提高监督水平，使得金融中介增加总量投资。发达的金融发展水平通过风险管理功能提高了 R&D 资金供给。Boyd & Smith(1992)、Bose & Cothern(1997)、Deidda & Fattouh(2008)的结论表明，金融发展确实可以减少信贷配给和增加投资总量，从而促进经济增长。

7.3 本章小结

本章主要分析了金融发展对企业 R&D 融资约束的影响，阐述了金融发展是如何降低企业 R&D 面临的融资约束的。首先分析了金融发展的功能，包括信息处理功能、风险管理功能、项目治理功能、动员储蓄功能和交易便利功能。其次分析了金融发展对企业 R&D 面临的融资约束的影响。本书认为，发达的金融发展水平能够降低信息搜集加工成本，降低企业与潜在投资之间的信息不对称程度以及委托代理问题，并且可能从成本和数量两个方面缓解企业 R&D 投资的融资约束问题。在降低融资成本方面，金融发展具有信息处理功能,能够降低企业 R&D 融资存在的信息成本。金融中介所独有的信息优势将降低企业 R&D 融资的信息不对称程度,提高资源的配置效率。金融机构能够减少 R&D 活动中对管理层进行监督以及对 R&D 进行控制监督的成本。金融发展的交易便利功能能够降低企业 R&D 活动的交易成本,从而降低企业 R&D 融资的成本。此外,金融发展可以促进企业采用更健全的会计、信息披露制度和更好的公司治理制度,因而可以缓解信息不对称问题,减少企业外部融资成本。在增加融资数量方面,金融中介的数量和质量都将不断提高,从而可以拓宽企业 R&D 融资的渠道,并增加 R&D 融资的数量。金融发展会降低金融中介的监督成本,提高监督水平,这会使得金融中介增加总量投资。发达的金融发展水平通过风险管理功能提高了 R&D 的资金供给。

第8章

金融发展对企业R&D融资约束的缓解效应的实证研究

8.1 引 言

金融发展水平是影响企业融资约束的重要因素(饶华春,2009)。Brown(2009)指出,金融发展促进经济增长的一个主要渠道就是R&D融资,企业研发投资会产生较高的生产率并且会提高公司、行业和国家的生产率。Lichtenberg(1993)发现,私有企业的R&D投资对生产率的贡献要比固定投资对生产率的贡献大7倍。同样,Kafouros(2008)发现,R&D投资产生的利润要显著高于其他投资产生的回报。虽然近年来国内关于金融发展与经济增长关系的研究逐渐从宏观层面转向微观的企业层面,探讨金融发展对微观企业行为的影响,但这些研究更多的是侧重于金融发展对企业的固定资产投资中融资约束的缓解作用。比如朱红军(2006)、饶华春(2009)、沈红波(2010)等的研究表明,我国上市公司投资存在明显的融资约束,金融发展水平能够减轻公司的融资约束,降低企业对内部现金流的依赖。很少有文献关注金融发展对企业R&D融资约束的影响。而在我国现实经济中,对金融发展与企业R&D

融资的关系越来越关注，国务院发布的《实施〈国家长中期科学和技术发展规划纲要(2006—2020年)〉若干配套政策》，把金融支持列为发展高科技企业的十大内容之一，这表明金融对企业R&D投资的支持已经成为我国经济发展的重要途径。此外，由于我国的转型经济特性，各地区的金融发展水平很不一致，存在明显的差异。这为理解金融发展对公司R&D融资约束的影响提供了一个很好的研究背景。鉴于此，本书采用191家高科技上市公司2007—2011年的面板数据，实证考察中国金融发展对上市公司R&D融资约束的影响，以检验金融发展是否有效缓解了我国企业R&D投资受到的融资约束，并进一步考察这种缓解效应是否因企业股权性质和企业年龄的不同而有所差别。

8.2 研究假设

8.2.1 金融发展与R&D融资约束

金融发展是指金融中介和金融市场的发展，并通过利率和汇率等杠杆促进储蓄以更高的比例转化为投资，提高资金的使用效率和资本的配置效率，以资本积累和技术进步来促进经济增长(沈坤荣，2004)。技术创新是金融发展促进经济增长的微观渠道之一，企业R&D由于信息不对称和委托代理问题更为突出，受到的融资约束更为明显，对现金流更为敏感。而发达的金融发展水平能够通过有效的资源配置推进R&D投资(Hwang等，2010)。发达的金融发展水平能够降低信息搜集、加工成本，降低企业与潜在投资者之间的信息不对称程度以及委托代理问题，并且可能从成本和数量两个方面缓解企业R&D投资的融资约束问题。

从缓解R&D投资的成本方面，在决定是否投资R&D项目时，由于单个投资者往往缺乏搜集、处理以及生成可能的投资信息的能力，难以独立承担高昂的信息成本，这使得具有闲散资金的投资者无法把资金投向那些仅有少量不可靠信息的R&D项目上。因此，高昂的信息成本阻碍了资金流向能够产生更高收益的R&D项目，不利于企业R&D的融资。而金融发展具有信息处理功能，能够降低企业R&D融资存在的信息成本。比如，Townsend(1979)较早地表明，金融机构能够通过信息处理并克服市场信息不对称问题，有利于企业融资。在金融市场中，股票市场是刺激信息制造的重要来源，更大更透明的股票市场能够刺激代理人积极向投资者提供有关企业R&D活动的信息。而金融中介和银行比单个的小投资者在搜集贷款企业信息方面更具有规模经济优势(Diamond，1984)。金融中介所独有的信息优势将降低企业R&D融资的信息不对称程度，进而降低企业的融资成本(Levine，1997)，提高资源的配置效率。金融发展的项目治理功能，能够有效降低企业的道德风险问题。金融机构能够减少R&D活动中对管理层进行监督以及对R&D进行控制监督的成本。金融中介和银行在搜集企业信息方面的规模经济优势也使得金融中介更有动力用搜集来的信息对企业进行监督和控制，从而克服单个小投资者在监督贷款企业时产生的搭便车问题(Diamond，1984)。而股票市场的存在也对企业发挥了间接的激励监督效应，通过股权交易可以使经营不善的企业面临被接管的危险，从而进一步激励管理层从事有利于企业的行为。此外，金融发展的交易便利功能能够降低企业R&D活动的交易成本，从而降低企业R&D融资的成本。Adam Smith(1776)认为，金融通过降低交易成本能够提升专业化程度，并且促进技术创新以及经济增长。King & Levine(1993)认为，金融中介能对潜在的有前景的企业提供融资支持，促进企业的技术创新活动。Rajan & Zingles(1995)研究发现，金融发展能降低企业的外部融资成本，从而促进那些依赖外部融资的企业更好地成长。金融发展可以促进企业采用更健全的会计、信息披露制度和更好的公司治理制度，因而可以缓解信息不对称问题，减少企业外部融资成本。

从缓解R&D投资数量方面，随着金融体系的发展，金融中介的数量和质量都将不断提高，从而可以拓宽企业R&D融资的渠道，并增加R&D融资的数量。金融中介的发展提供了更好的信息功能，能够有效甄别R&D投资项目的好坏，使得银行对所有R&D项目不是“一刀切”，降低了银行的“信贷配给”。投资者在做出投资决策前，没有能力搜集、处理和生产投资项目的信息，而且由于R&D投资的信息搜集更为困难，信息搜集成本也更为昂贵，这就可能阻碍投资者将资本投向高信息成本的R&D活动。而发达的金融中介具有信息规模优势，能够减少重复获取和处理信息的成本，通过评估并选择有发展前景的高科技项目，将资金贷给好的R&D项目的企业。由于R&D活动一般都是高风险和长周期的活动，因此，进行这项投资的投资者面临较高的收益率风险和流动性风险。而大多数投资者是风险规避的，往往倾向于投资一些风险小、专业化程度低并且收益相对稳定的短期项目，而不愿参与这些具有高度不确定性的R&D项目。发达的金融体系通过横向分担风险，引导投资者改变投资策略，促进了资金流向R&D项目，提高了R&D融资的渠道和数量。金融发展的动员储蓄功能也有利于缓解企业R&D的融资约束问题。金融中介的发展将提高公众的储蓄率并进行合理的分配，从而为企业的外部融资约束需求提供资金来源(Levine,1997)；金融系统可以将社会闲散资金聚拢起来，供给那些资金缺乏的企业和个人，这样可以很好地提高整个社会的资金效率。金融机构能够对资金需求者进行评估和审核，将资金供给那些具有高回报的项目，这使得具有创新活动的项目成为金融机构偏好的投资项目。金融系统的储蓄动员功能还在促进企业采用更好的技术和促进技术创新方面发挥关键的作用(Mckinnon,1998)。金融发展的项目治理功能也能有效缓解企业R&D的融资约束问题。投资者对企业如何使用资金的监督和施加影响程度能对资金的流向和企业融资产生重要的影响。如果股东或者债权人能够在很大程度上监督企业，并引导企业的管理层致力于最大化企业价值，就会促使企业提高资金的使用效率，并使投资者更愿意对企业的生产和创新活动进行投资。相反，如果某些金融制度安排弱化了公司治理水平，则有可能不利于企业筹集资金，阻止资金流向能够创造更多利润的企业和用途(Stiglitz & Weiss,1983)。Fuente & Maríne(1996)认为，由于信息不对称，技术发明活动会存在道德风险。因此，金融中介需要去监督技术发明，而这一行为需要耗费一定的成本。金融发展会降低金融中介的监督成本，提高监督水平，使得金融中介增加总量投资。发达的金融发展水平通过风险管理功能提高了R&D资金供给。Boyd & Smith (1992)、Bose & Cothern(1997)、Deidda & Fattouh (2008)的结论表明,金融发展确实可以减少信贷配给和增加投资总量,从而促进经济增长。因此,我们提出如下假设。

假设1:金融发展降低了企业R&D投资受到的融资约束。

8.2.2 金融发展、产权性质与R&D融资约束

金融发展对企业R&D投资融资约束的缓解还受到企业产权性质的影响。我国特殊的产权制度使得民营企业与国有企业R&D融资约束存在较大的差异。虽然民营企业已经成为我国市场经济的重要组成部分,统计数据显示,2010年,我国民营企业经济总量已经占到GDP的50%以上,而民营企业的研发活动占到研发的75%以上,但由于我国不完善的市场环境,民营企业无论在权益融资还是债务融资方面都受到更多的体制性歧视(李增泉,2008)。已有研究显示,我国大部分的金融资源流向了国有企业,例如银行贷款大多贷给了国有企业,而股票市场的上市公司也大多是国有企业,这导致了民营企业融资困难(Cull等,2005;Allen等,2005;林毅夫等,2005;江伟和李斌,2004)。虽然目前我国大力提倡自主创新,对企业的创新行为也更加重视,但相比于民营企业,政府出于"父爱主义",更愿意对国有企业的R&D项目提供援助,而大型银行的国有背景也容易使得信贷向国有企业倾斜。此外,民营企业出于提高自身竞争优势的考虑,在R&D信息披露方面更为保守,这使得民营企业R&D投资的信息不对称问题相比国有企业更为严重,也进一步加大了民营企业R&D投资的融资约束问题。然而,金融发展提高了可进行市场化分配的信贷资金,降低了信息不对称,减少了信息担保,能够有效缓解企业R&D投资受到的融资约束。但由于金融发展使得银行的产权变得清晰,并且同业竞争也更为激烈,使得政府难以对其信贷进行干预,因此,金融发展对国有企业R&D融资约束的缓解作用有限。对于民营企业,发达的金融市场能够增加其融资的渠道和能力,这使得企业在有好的R&D项目时能够获得资金支

持,同时也降低了融资成本,有效缓解了民营企业 R&D 活动的融资约束。根据以上分析,我们提出如下假设。

假设 2:相对于国有企业 R&D 活动,金融发展对民营企业 R&D 融资约束的缓解作用更为明显。

8.2.3 金融发展、成长阶段与 R&D 融资约束

金融发展对 R&D 活动的融资约束的缓解还会受到企业成长阶段的影响。处于不同成长阶段的企业,R&D 投资受到的融资约束也存在较大差异。相对于成熟期企业,年轻的成长期企业的 R&D 投资存在更严重的融资约束问题,R&D 投资对内部现金流更加敏感。与 R&D 项目相联系的高风险连同中小企业产生的活动的高风险可能暗示,包含客观的 R&D 投资活动的中小企业高依赖于内部融资(Müller & Zimmermann,2009)。相对于成熟企业,年轻企业规模相对较小,成立时间相对较短,缺乏足够的抵押品以及信誉,而且年轻公司没有资源与银行建立一个长久的关系(Berger & Udell,2002),使得年轻公司从银行获取贷款抵押和信用贷款的能力有限,因此,公司很难从债券市场融资。此外,由于代理和信息不对称问题在小企业中更为严重(Ennew & Binks,1995),外部投资者很难判断公司 R&D 的成长空间,因此企业与外部投资者间有较高的信息不对称,导致企业在股权市场上融资困难。Beck(2006)、Czarnitzki(2006)的研究表明,成长期的企业 R&D 投资要比成熟期企业受到的融资约束更为严重。随着金融发展水平的提高,企业 R&D 活动受到的融资约束都有所缓解,尤其是对于成长期企业。金融发展提高了银行的竞争程度,同时也催生了大量的中小融资机构。充分的银行竞争有利于缓解中小企业的信贷约束,而且中小融资机构在识别成长企业软信息方面更有优势,对年轻的成长期企业 R&D 活动的融资约束的缓解作用将更为明显。因此,我们提出如下假设。

假设 3:相对于成熟期企业,金融发展对年轻的成长期企业 R&D 活动的融资约束的缓解更为明显。

8.3 研究设计

8.3.1 模型及变量定义

为了考察金融发展对企业 R&D 融资约束的影响，我们在第四章所采用的欧拉方程中的模型的基础上加入金融发展水平（FD）与现金流（CF）的交互变量来衡量金融发展对企业 R&D 融资约束的缓解效应，得到如下模型：

$$\left(\frac{R}{K}\right)_{i,t}=\beta_0+\beta_1\left(\frac{R}{K}\right)_{i,t-1}+\beta_2\left(\frac{R}{K}\right)^2_{i,t-1}+\beta_3\left(\frac{S}{K}\right)_{i,t-1}+\beta_4\left(\frac{CF}{K}\right)_{i,t-1}+\beta_5\left(\frac{R}{K}\right)_{i,t-1}\times FD+\varepsilon_{i,t} \tag{8.1}$$

式中，i 表示公司，t 表示年份，R 代表公司的 R&D 投资，K 代表公司总资产，S 代表销售收入，本书以主营业务收入来度量，CF 代表企业现金流。现金流的定义通常为扣除非经常项目和折旧前的收入减去现金股利，由于部分数据难以收集，本书采用企业年度经营活动产生的现金流净额来代替。FD 代表金融发展水平。参照沈红波（2010）的研究，我们利用“各地区当年的金融机构贷款总额”与“各地区当年 GDP”之比来度量各地区的金融发展水平。根据 Laeven（2003）的观点，如果 β_5 的符号为负并且显著，则表明金融发展降低了企业 R&D 投资对内部现金流的依赖，也即金融发展缓解了企业 R&D 的融资约束。

8.3.2 研究方法

由于模型（8.1）中采用被解释变量的滞后项作为解释变量，因此，这两个动态方程的解释变量存在内生性问题。如果应用面板数据的随机效应或者固定效应对模型进行估计，得到的参数估计值将是一个有偏的、非一致的估计量，因此，基于估计结果产生的经济含义也肯定是扭曲的。为解决这个问题，我们仍采用 GMM 方法。

8.3.3 研究样本及数据来源

本书选择 2007—2011 年沪深两市非金融类上市公司为初始研究对象，然后对其采取以下筛选过程：

(1)剔除金融类上市公司，由于其财务标准不同于其他行业的上市公司；

(2)根据皮永华(2005)、谢维敏(2011)的研究，研发投入企业一般集中于信息技术业和制造业，因此，我们以这两个行业为本书的分析样本，对其他行业样本予以剔除；

(3)剔除未连续 5 年披露 R&D 投资的公司，最终得到 191 家上市公司作为研究样本。

本书所使用的数据包括 R&D 投资数据、地区金融发展水平数据以及企业财务特征数据。其中企业的 R&D 投资数据来源于中国证监会指定信息披露网站——巨潮咨询网(www. cninfo. com. cn)提供的年度报告全文中披露的数据。本书通过手工收集整理获得。用于度量地区金融发展水平的全部数据来源于《中国金融年鉴》，企业财务数据来源于北大色诺芬数据库(CCER)。

8.4 实证结果分析

8.4.1 描述性统计

根据上市公司最终控制人类型，我们将全样本分为国有组和民营组；根据上市公司上市年龄，我们将全样本分为成长组与成熟组，以 2007 年上市年龄为准，如果公司上市年龄大于 10 则为成熟组公司，否则为成长组公司。表 8-1

给出了全样本和各分样本中主要变量的描述性统计结果，为增强表中公司之间的可比性，公司 R&D 投资、主营业务收入以及现金流均被总资产标准化。从表 8-1 中可以发现，全样本组中公司研发投资$\frac{R}{K}$的均值为 0.013，小于民营企业组和成长企业组的均值，但大于国有企业组和成熟企业组的均值，这表明平均而言，民营上市公司和成长期上市公司的研发投入要高于国有上市公司和成熟期上市公司。全样本组中研发投资$\frac{R}{K}$的最大值为 0.330，最小值为0.000007，

表 8-1 主要变量描述性统计

变量	样本组	观测值	均值	标准差	最小值	最大值
$\frac{R}{K}$	国有	555	0.010	0.0149	0.000007	0.205
	民营	400	0.018	0.028	0.00004	0.330
	全部	955	0.013	0.021	0.000007	0.330
	成熟	485	0.010	0.020	0.000018	0.330
	成长	470	0.017	0.023	0.000007	0.329
$\frac{S}{K}$	国有	555	0.848	0.528	0.091	3.604
	民营	400	0.747	0.613	0.114	5.837
	全部	955	0.806	0.567	0.090	5.837
	成熟	485	0.947	0.721	0.102	5.837
	成长	470	0.669	0.304	0.091	2.020
$\frac{CF}{K}$	国有	555	0.044	0.071	−0.436	0.375
	民营	400	0.058	0.085	−0.401	0.564
	全部	955	0.050	0.078	−0.435	0.564
	成熟	485	0.053	0.086	−0.436	0.564
	成长	470	0.046	0.069	−0.163	0.302
FD	国有	555	1.200	0.568	0.020	2.648
	民营	400	1.224	0.420	0.567	2.648
	全部	955	1.210	0.511	0.020	2.648
	成熟	485	1.216	0.537	0.021	2.648
	成长	470	1.204	0.485	0.021	2.648

表明各上市公司研发投入的差别较大。主营业务收入方面，全样本组的主营业务收入$\frac{S}{K}$的均值为0.806，大于民营企业和成长企业的均值，小于国有企业和成熟企业的均值，且成长期上市公司的主营业务收入均值与成熟期上市公司的主营业务收入差别较大，平均相差27.8%。全样本组中，现金流$\frac{CF}{K}$的均值为0.050，大于国有上市公司和成长期上市公司，小于民营上市公司和成熟期上市公司，全样本组中现金流$\frac{CF}{K}$标准差为0.078，说明上市公司样本现金流的波动较小。

8.4.2 回归结果分析

1. 金融发展、融资约束与R&D投资

我们对动态模型(8.1)分别进行OLS、固定效应和一阶系统GMM模型估计，得到表8-2所示的结果。从表8-2中模型(8.1)的结果可知，一阶系统GMM估计的Sargan值为20.584，p值为0.195，不能拒绝工具联合有效的原假设，这表明我们选取的工具变量是有效的。残差自相关AR(1)的值为−6.684，p值为0.000，AR(2)的值为−0.734，p值为0.463，AR(1)的检验值能够拒绝原假设，而AR(2)的检验值不能够拒绝原假设，这表明一阶差分方程中的残差项不存在二阶自相关，表明我们的模型设定是合理的。表8-2中被解释变量的滞后项$(\frac{R}{K})_{t-1}$在混合OLS模型的估计值为0.750，固定效应模型的估计值为0.157，而$(\frac{R}{K})_{t-1}$的一阶系统GMM估计值为0.561，确实处于其他两个估计值之间，这进一步说明了我们选取的GMM估计是有效的。同此分析，分组估计的结果也是如此，我们不再赘述。

表 8-2 金融发展、融资约束与 R&D 投资

变量	OLS	FE	GMM
Intercept	0.004* (1.904)	0.025*** (6.538)	0.008*** (3.125)
$(\frac{R}{K})_{t-1}$	0.750*** (12.148)	0.157* (1.690)	0.561*** (5.515)
$(R/K)^2_{t-1}$	−2.009*** (−8.294)	−0.181 (−0.562)	−1.437*** (−4.071)
$(\frac{S}{K})_{t-1}$	−0.002 (−1.446)	−0.011*** (−2.642)	−0.004** (−2.474)
$(\frac{CF}{K})_{t-1}$	0.103*** (5.189)	0.090*** (3.003)	0.112*** (4.264)
$FD\times(\frac{R}{K})_{t-1}$	−0.032** (−2.373)	−0.031* (−1.719)	−0.037** (−2.019)
N	764	764	764
R square	0.224	0.109	
AR(1)			−6.684
AR(1) p-value			0.000
AR(2)			−0.734
AR(2) p-value			0.463
Sargan			20.584
Sargan p-value			0.195

注：***表示在1%的置信水平上显著；**表示在5%的水平上显著；*表示在10%的水平上显著。括号内是各估计参数的 t 值。

表8-2是模型(8.1)中引入了金融发展指数与现金流的交叉项后得到的估计结果。从混合OLS、固定效应和GMM估计的结果来看，金融发展指数与现金流的交叉项的系数分别为−0.032、−0.031、−0.037，并且分别在1%和10%的水平上显著。这表明金融发展水平的提高对上市公司的R&D投资产生了积极的影响。金融发展即金融中介和金融市场的发展，通过发挥信息处理、风险管理、项目治理、储蓄动员以及便利交易功能，对企业R&D融资约束起到了重要影响，降低了企业R&D投资的信息不对称和代理成本，拓宽了融资渠道，减小了内外部融资成本差异，并为R&D融资提供足够的资金，从

而降低了企业 R&D 投资对现金流的敏感性，减轻了企业 R&D 投资对内部现金流的依赖性，缓解了上市公司 R&D 投资的融资约束现象，我们的假设 1 得到证实。

2. 金融发展、产权性质与 R&D 融资约束

为进一步分析金融发展对不同类型企业 R&D 融资约束的缓解效果，我们对国有样本组和民营样本组的回归系数 $FD\times(\frac{R}{K})_{t-1}$ 进行比较。从表 8-3 中采用 GMM 估计的回归结果来看，民营上市公司的 $FD\times(\frac{R}{K})_{t-1}$ 的回归系数为－0.084，并且在 5% 的水平上显著，国有上市公司的 $FD\times(\frac{R}{K})_{t-1}$ 的回归系数仅为－0.018，并且不显著。混合 OLS 估计和面板数据固定效应模型估计的回归结果也进一步证实了这一点。这表明金融发展对国有上市公司 R&D 活动和民营上市公司 R&D 活动融资约束的缓解存在较大差异，金融发展对民营上市公司 R&D 活动融资约束的缓解更为显著，缓解效果也更大。我们的假设 2 得到证实。此外，从国有上市公司 $FD\times(\frac{R}{K})_{t-1}$ 的回归系数来看，虽然为负，但并不显著。这可能是因为国有企业一直受信贷和国家财政的大力支持，预算软约束的存在扭曲了国有企业面临的真实融资约束，减弱了金融发展对国有上市公司所带来的积极作用（朱红军等，2006）。

表 8-3 金融发展、产权性质与 R&D 融资约束

变量	OLS		FE		GMM	
	民营	国有	民营	国有	民营	国有
Intercept	0.007* (1.662)	0.006*** (3.426)	0.034*** (3.867)	0.016*** (5.774)	0.010* (1.939)	0.006*** (2.899)
$(\frac{R}{K})_{t-1}$	0.726*** (6.488)	0.786*** (10.561)	0.368* (−1.908)	0.105 (1.206)	0.415** (2.223)	0.688*** (6.339)
$(\frac{R}{K})^2_{t-1}$	−1.950*** (−5.019)	−2.577*** (−4.856)	0.524* (1.856)	−1.514*** (−2.807)	−1.057* (−1.789)	−2.069*** (−3.087)

续表

变量	OLS		FE		GMM	
	民营	国有	民营	国有	民营	国有
$(\frac{S}{K})_{t-1}$	−0.004* (−1.740)	−0.000 (−0.129)	−0.018* (−1.689)	−0.005* (−1.890)	−0.008*** (−2.604)	−0.001 (−0.941)
$(\frac{CF}{K})_{t-1}$	0.180*** (4.328)	0.033* (1.886)	0.198*** (2.650)	0.044** (2.085)	0.217*** (4.038)	0.053** (2.432)
$FD\times(\frac{R}{K})_{t-1}$	−0.071** (−2.336)	−0.006 (−0.506)	−0.078* (−1.733)	−0.020 (−1.302)	−0.084** (−2.080)	−0.018 (−1.287)
N	320	444	320	444	320	444
R square	0.204	0.299	0.143	0.112		
AR(1)					−4.251	−11.273
AR(1) p-value					0.000	0.000
AR(2)					−0.980	−0.505
AR(2) p-value					0.327	0.123
Sargan					18.463	34.849
Sargan p-value					0.297	0.124

注：*** 表示在1%的置信水平上显著；** 表示在5%的水平上显著；* 表示在10%的水平上显著。括号内是各估计参数的 t 值。

3. 金融发展、成长阶段与R&D融资约束

为进一步分析金融发展对这两组上市公司R&D融资约束的影响，我们对成熟样本组和成长样本组的回归系数 $FD\times(\frac{R}{K})_{t-1}$ 进行比较。从表8-4的回归结果来看，无论是GMM估计、混合OLS估计还是面板数据的固定效应估计，对于成长组公司，金融发展与现金流的交叉项 $FD\times(\frac{R}{K})_{t-1}$ 的系数都为负，并且分别在5%、10%和1%的水平上显著。而对成熟期公司来说，无论是GMM估计还是OLS估计，虽然金融发展与现金流的交叉项 $FD\times(\frac{R}{K})_{t-1}$ 的系数都为负，但并不显著。这意味着金融发展对不同阶段的企业R&D融资

约束的缓解作用不同，对成长期上市公司 R&D 融资约束的缓解更有效，证实了我们的假设 3。这表明，金融发展对降低成长期公司 R&D 活动的信息不对称和代理问题的作用更为明显，更有助于降低其受到的融资约束，而由于成熟期企业本身的信息比较透明，代理问题也相对较轻，因此，金融发展对其融资约束的影响并不大。

表 8-4　金融发展、成长阶段与 R&D 融资约束

变量	OLS		FE		GMM	
	成熟	成长	成熟	成长	成熟	成长
Intercept	0.005 (1.354)	0.004 (1.580)	0.018*** (2.942)	0.026*** (5.216)	0.008* (1.887)	0.006** (2.017)
$(\frac{R}{K})_{t-1}$	0.769*** (8.959)	0.677*** (6.712)	−0.284** (−2.106)	−0.045 (−0.330)	0.690*** (5.183)	0.603*** (4.628)
$(\frac{R}{K})^2_{t-1}$	−1.706*** (−4.905)	−2.175*** (−5.958)	0.485 (1.050)	−0.869* (−1.884)	−1.451*** (−2.994)	−1.968*** (−4.339)
$(\frac{S}{K})_{t-1}$	−0.002 (−0.603)	−0.001 (−0.892)	0.006 (0.595)	−0.015*** (−3.393)	−0.004 (−0.986)	−0.003* (−1.905)
$(\frac{CF}{K})_{t-1}$	0.077** (2.488)	0.113*** (4.469)	0.069 (1.405)	0.099*** (2.685)	0.053* (1.794)	0.148*** (4.414)
$FD\times(\frac{R}{K})_{t-1}$	−0.031 (−1.510)	−0.040* (−1.698)	−0.032 (−0.887)	−0.031* (−1.779)	−0.021 (−0.756)	−0.049** (−2.048)
N	388	376	388	376	388	376
R square	0.256	0.197	0.053	0.211		
AR(1)					−4.220	−7.415
AR(1) p-value					0.000	0.000
AR(2)					−0.527	1.535
AR(2) p-value					0.598	0.125
Sargan					11.950	25.952
Sargan p-value					0.747	0.155

注：*** 表示在 1%的置信水平上显著；** 表示在 5%的水平上显著；* 表示在 10%的水平上显著。括号内是各估计参数的 t 值。

8.5 本章小结

本章利用2007—2011年上市公司面板数据和动态面板广义矩估计方法，考察了金融发展对上市公司R&D融资约束的缓解作用，同时考虑了企业产权性质和成长阶段的差异。我们发现：

(1)金融发展显著缓解了上市公司R&D投资受到的融资约束。金融发展较低的地区，上市公司R&D投资受到的融资约束较大，而金融发展水平较高的地区，上市公司R&D投资受到的融资约束较小。金融发展通过金融中介和金融市场的发展，降低了企业R&D投资的信息不对称和代理成本，拓宽了融资渠道，减小了内外部融资成本差异，并为R&D融资提供足够的资金，从而降低了企业R&D投资对现金流的敏感性，减轻了企业R&D投资对内部现金流的依赖性，缓解了上市公司R&D投资的融资约束现象。

(2)不同所有权下金融发展对上市公司R&D融资约束的缓解效应存在显著差异。具体来说，金融发展可以显著缓解民营上市公司R&D融资约束，而对国有上市公司没有发挥作用。这表明，金融发展能够降低民营上市公司的信息不对称以及信贷配给问题，使民营企业的R&D投资的融资约束得到更显著的缓解，而国有上市公司一直受信贷和国家财政的大力支持，金融发展水平对其影响作用不大。

(3)不同成长阶段下金融发展对上市公司R&D融资约束的缓解效果存在显著差异。具体来说，金融发展对成长期公司R&D融资约束的缓解作用非常显著，但对成熟期上市公司R&D活动的作用并不明显。我们认为，金融发展有效降低了成长期公司R&D活动的信息不对称和代理问题的作用，有助于缓解其受到的融资约束，但由于成熟期企业本身的信息比较透明，代理问题也相对较轻，因此，金融发展对其融资约束的影响并不大。

总的来说，本章的证据表明，上市公司R&D投资存在融资约束现象，民营企业和年轻的成长企业R&D融资约束要比国有企业和成熟企业严重，金融发展有助于缓解民营企业和年轻的成长企业R&D活动受到的融资约束。本章补充了关于公司R&D融资约束的经验证据，并拓展了金融发展影响公司融资行为领域的相关文献。

依据本书的结论，我们提出如下政策建议：

(1)强化企业信息披露制度，降低企业信息不对称。由于R&D活动的特性，企业不愿意披露有关R&D的信息，但企业应根据自身的外部融资约束条件，在公司R&D利润最优化的条件下，科学合理地制定其信息披露制度，从而帮助潜在投资者更好地了解企业R&D的实际情况，有效减少企业与潜在投资者之间的信息不对称程度，降低企业R&D活动的融资约束。

(2)加快推进银行改革，提高银行效率，减少信贷配给。我国现阶段的银行信贷管理体系对企业R&D活动的融资有较高的限制，即使是企业符合信贷准入条件的贷款申请，也要经过复杂的报批程序和资产抵押担保手续。高额的抵押费用、繁杂的手续、苛刻的担保制度，提高了企业R&D的融资成本，让大多数企业望而却步，尤其是民营企业，其受到的约束更为严重。此外，国有银行缺乏激励机制并为规避风险使得企业的信贷更多地发生在国有企业方面，这不利于解决民营企业的融资问题，同时也不利于国有银行自身效率的提高(沈红波，2010)。因此，应加快建设现代银行制度，强化企业的激励监督制度，使一些好的R&D投资项目能够获得信贷支持，同时也应转变同民营企业的信息沟通渠道，提高资金公平分配效率，从而更好地解决民营企业R&D投资的融资约束问题。

(3)拓宽融资渠道，大力发展中小金融机构及非国有金融机构。年轻的中小企业由于自身规模相对较小，没有足够的资产可以抵押和担保，破产的概率比较大，其R&D融资更容易受企业信贷配给的约束。而中小金融机构和非国有金融机构在处理企业所具有的技术、管理和创新等方面具有优势，具有更高的信息处理能力和风险管理水平以及较少的信息搜集费用和交易费用，可以有效化解中小企业R&D的信贷障碍，降低中小企业R&D活动的融资约束。

(4)减少政府干预,强化公平竞争。长期以来,我国上市公司存在特殊的制度背景,国有企业由于其产权特定和政治特性,其R&D融资能够受到政府的优惠政策和信用担保,融资约束程度较小,而民营企业和中小企业不能在市场中公平竞争,面临严重的"信贷配给"和"信贷约束"问题。因此,要尽力改变这一现象,政府应当转变观念,减少对地方国有企业和大型企业的干预,强化公平竞争,充分发挥市场的作用,让资金流向更有效的方面,从而使好的R&D项目能够获得资金支持。

第9章

结论与研究展望

9.1 结　论

(1)本书利用2007—2011年119家非金融类上市公司为研究样本,实证考察了我国上市公司R&D活动的融资约束问题,并考虑了企业产权性质和成长阶段的融资约束差异。在此基础上,进一步考察了公司治理和金融发展对R&D融资约束的缓解效应。其中公司治理主要检验了董事会治理(董事会规模和独立董事比例)和机构投资者持股是否能够缓解企业R&D面临的融资约束。此外,在金融发展对企业R&D融资约束的缓解效应的研究中,还考察了企业产权性质和成长阶段对这种缓解效应的影响。

(2)本书采用更适用于中国上市公司的欧拉方程模型,并采用动态面板广义矩估计方法来进行模型估计。采用欧拉方程作为理论模型并不需要计算托宾Q值,允许金融摩擦的存在,同时能够控制未来预期收入对投资支出的影响,更适合我国不完全的资本市场。而由于本书的模型中均采用被解释变量的滞后项作为解释变量,因此,这两个动态方程的解释变量存在内生性问题,如果应用面板数据的随机效应或者固定效应对模型进行估计，得到的参数估计值将是一个有偏的、非一致的估计量。为了有效控制内生性问题，本书采用动态面板广义矩估计方法来进行模型估计，通过将弱外生变量的滞后项作为工具变量纳入估计方程，从而获得一致性估计，保证我们获得的结论更加准确、客观。

(3)为考察我国上市公司R&D活动的融资约束问题，我们从信息不对称和代理理论考察了R&D面临融资约束的问题，对不同产权性质和成长阶段下企业R&D融资约束的差异进行了考虑，并进行了实证分析。发现：

上市公司的R&D投资与现金流存在显著的正相关关系，这表明我国上市公司R&D投资普遍存在融资约束现象。我们认为，这主要是由于信息不对称和代理问题导致上市公司R&D投资的外部融资成本与内部融资成本差异显著，并且无法通过外部融资获得足够的资金，从而使上市公司的R&D投资对内部现金流有较强的依赖性，R&D投资存在明显的融资约束现象。

不同所有权的上市公司R&D融资约束存在显著差异。由于我国不完善的市场环境，国有企业长期受各级政府和国有银行的政策、资金支持，并且其信息不对称程度低于民营企业，因此，国有上市公司R&D活动相比民营上市公司R&D活动受到的融资约束相对较小。

不同成长阶段的上市公司R&D融资约束存在显著差异。相对于成熟企业，年轻企业规模相对较小，成立时间相对较短，缺乏足够的抵押品以及信誉，年轻公司从银行获取抵押贷款和信用贷款的能力有限，而且信贷政策对年轻的中小企业的支持力度不够，存在信息配给现象，代理和信息不对称问题在小企业中更为严重，因此，相比于成熟期公司，成长期公司受到的融资约束更为明显。

(4)为检验公司治理中机制对企业R&D融资约束的缓解效应，我们主要从董事会治理和机构投资者持股两个方面进行理论及实证分析，其中董事会治理又分为董事会规模和独立董事比例两个角度。结果显示：

我国上市公司董事会规模并没有降低企业R&D投资对内部现金流的依

赖，也即董事会规模的提高不能缓解企业 R&D 面临的融资约束问题。这可能是因为大规模的董事会对企业的融资产生积极和消极两个方面的影响。积极方面，大规模的董事会提高了监督能力，减少了信息不对称和代理问题，进而降低了 R&D 融资约束；而消极方面，大规模董事会容易存在沟通和协调问题，这影响了董事会监督效率，并且增加了公司的建议成本，从而增大了企业 R&D 面临的融资约束。这两方面的影响相互抵消，从而表现出董事会规模对企业的融资约束没有显著的影响。

我国上市公司独立董事比例的提高显著降低了企业 R&D 投资对内部现金流的依赖，也即独立董事显著缓解了企业 R&D 面临的融资约束。上市公司独立董事比例越高，其 R&D 投资面临的融资约束越小，而独立董事比例较低的企业，其 R&D 投资则面临较大的融资约束。这表明，我国的独立董事发挥了积极的效用。独立董事有效地执行了监督、战略、政治及沟通职能，有效地降低了 R&D 项目的信息不对称和代理问题，可以为公司与大众架起沟通的桥梁，树立良好的公司形象，增强了潜在投资者对 R&D 项目的投资信心，降低了企业 R&D 的融资成本，并提高了企业 R&D 融资规模，从而有效地缓解了企业 R&D 面临的融资约束。

我国上市公司中机构投资者持股比例的提高显著降低了企业 R&D 投资对内部现金流的依赖，也即机构投资持股显著缓解了企业 R&D 面临的融资约束。机构投资者持股比例与企业 R&D 面临的融资约束负相关，机构投资持股比例较高的企业，其 R&D 面临的融资约束较小。这说明，我国机构投资者发挥了积极的效用，它们利用其专业、信息、人才和规模优势，有效地降低了 R&D 的信息不对称，改善了企业的公司治理水平，降低了企业 R&D 项目的代理成本，并且增加了 R&D 可融资的规模，从而有效缓解了我国上市公司 R&D 投资面临的融资约束。

(5)对金融发展对企业 R&D 融资约束的缓解作用进行了理论与实证分析，同时进一步考察了企业产权性质和成长阶段对这种缓解作用的影响。发现：

金融发展显著缓解了上市公司R&D投资受到的融资约束。金融发展较低的地区,上市公司R&D投资受到的融资约束越大,而金融发展水平较高的地区,上市公司R&D投资受到的融资约束越小。金融发展通过金融中介和金融市场的发展,降低了企业R&D投资的信息不对称和代理成本,拓宽了融资渠道,减小了内外部融资的成本差异,并为R&D融资提供了足够的资金,从而降低了企业R&D投资对现金流的敏感性,减轻了企业R&D投资对内部现金流的依赖性,缓解了上市公司R&D投资的融资约束现象。

不同所有权下金融发展对上市公司R&D融资约束的缓解效应存在显著差异。具体来说,金融发展可以显著缓解民营上市公司R&D受到的融资约束,而对国有上市公司没有发挥作用。这表明,金融发展能够降低民营上市公司的信息不对称以及信贷配给问题,使民营企业的R&D投资的融资约束得到更显著的缓解,而国有上市公司一直受信贷和国家财政的大力支持,金融发展水平对其影响作用不大。

不同成长阶段下金融发展对上市公司R&D融资约束的缓解效果存在显著差异。具体来说,金融发展对成长期公司R&D融资约束的缓解作用非常显著,但对成熟期上市公司R&D活动的作用并不明显。我们认为,金融发展有效降低了成长期公司R&D活动的信息不对称和代理问题的作用,有助于缓解其受到的融资约束,但成熟期企业本身的信息比较透明,代理问题也相对较轻,因此,金融发展对其融资约束的影响并不大。

9.2 研究展望

虽然本书对我国上市公司R&D融资约束问题进行了理论和实证方面的探索,并取得了一些有价值的研究成果,通过本书的研究,可以对中国上市公司的融资约束问题有所了解,但受条件限制,本书仍存在很多局限和不足,这将有待在以后的研究中进一步探索:

(1)对企业R&D融资约束的研究需进一步深入。到目前为止,国内外对企业 R&D 融资约束的关注偏少，更多的是关注企业固定资产投资，而很少研究企业 R&D 融资约束问题。而由于受数据限制，本书对企业 R&D 融资约束的研究对象主要是沪深两市 A 股共 191 家上市公司，并没有涵盖所有的企业甚至上市公司，而时间跨度也只有 2007—2011 年共五年的时间，同时本书只考虑了企业 R&D 活动总的外部融资约束，而没有具体细分企业的股权融资约束和债权融资约束，这是我们研究的不足，也是以后研究的重点。

(2)公司治理对企业 R&D 融资约束的缓解效应仍需进一步推进。虽然在国内，本书首先研究了公司治理机制中董事会治理(包括董事会规模和独立董事比例)和机构投资者持股对企业 R&D 融资约束的影响，填补了关于公司治理与 R&D 融资约束研究关系的国内空白，然而，由于本书对公司治理如何缓解 R&D 融资约束的研究仍不够全面和充分，仍有很多方面需要进一步推进。具体来说，本书没有考虑不同产权性质和不同成长阶段中公司治理对企业 R&D 融资约束的缓解效应差异，也没有详细考察董事会中关系资本对企业 R&D 融资约束的影响；在对机构投资者持股比例的研究中，没有比较细分不同类型的机构投资者持股对企业 R&D 融资约束的缓解效应差异；此外也没有考虑投资者保护等外部治理机制对企业 R&D 融资约束的缓解效应。

(3)企业 R&D 融资约束的缓解机制研究仍需进一步加强。国内对缓解企业融资约束的研究集中于固定资产研究，鲜有关于企业 R&D 融资约束的缓解机制的研究，而企业的 R&D 投资与固定资产投资有很大的差别。虽然本书研究了公司治理和金融发展对企业 R&D 融资约束的影响，在一定程度了弥补了现有研究的不足，然而本书的研究仍不够全面，因此，需要进一步加强对我国企业 R&D 融资约束的缓解效应的研究，比如可以考察企业现金持有、企业社会资本、审计意见、集团内部资金或者市场化进程等因素是否对企业 R&D 融资约束具有缓解效应。

参考文献

[1] 安同良，施浩，Alcorta Ludovico. 中国制造业企业 R&D 行为模式的观测与实证——基于江苏省制造业企业问卷调查的实证分析[J]. 经济研究，2006(2)：21-30.

[2] 柴斌锋. 中国民营上市公司 R&D 投资与资本结构、规模之间关系的实证研究[J]. 科学学与科学技术管理，2011(1)：40-47.

[3] 柴俊武，万迪昉. 企业规模与 R&D 投入强度关系的实证分析[J]. 科学学研究，2003(1)：58-62.

[4] 财政部会计司. 国际会计准则[M]. 北京：中国财政经济出版社，2000：627-632.

[5] 陈晓，王琨. 关联交易、公司治理与国有股改革[J]. 经济研究，2005(4)：77-86，128.

[6] 陈羽，李小平，白澎. 市场结构如何影响 R&D 投入？——基于中国制造业行业面板数据的实证分析[J]. 南开经济研究，2007(1)：135-145.

[7] 陈仲常，余翔. 企业研发投入的外部环境影响因素研究——基于产业层面的面板数据分析[J]. 科研管理，2007(2)：78-84.

[8] 戴跃强，达庆利. 企业技术创新投资与其资本结构、规模之间关系的实证研究[J]. 科研管理，2007，148(3)：38-42.

[9] 丁庭选. 基于公司治理的银行债务融资契约研究[D]. 武汉：华中科技大学博士学位论文，2008.

[10] 杜胜利,张杰.独立董事更迭影响因素的实证研究[J].中国软科学,2005(7):128-136.
[11] 范海峰,胡玉明.机构投资者持股与公司股权融资成本的实证研究[J].经济与管理研究,2010(2):44-50.
[12] 冯根福,温军.中国上市公司治理与企业技术创新关系的实证分析[J].中国工业经济,2008,244(7):91-101.
[13] 冯巍.内部现金流量和企业投资-来自我国股票市场上市公司财务报告的证据[J].经济科学,1999(1):51-57.
[14] 郭丽虹,马文杰.融资约束与企业投资——现金流量敏感度的再检验:来自中国上市公司的证据[J].世界经济,2009(2):77-87.
[15] 何金耿.股权控制、现金流量与公司投资[J].经济管理,2002(22):59-64.
[16] 贺勇,刘冬荣.融资约束、企业集团内部资金支持与R&D投入——来自民营高科技上市公司的经验证据[J].科学学研究,2011,29(11):1685-1695.
[17] 胡苏.制度环境、独立董事与长期借款融资——来自中国上市公司的经验证据[J].山西财经大学学报,2011(4):106-114.
[18] 蒋琰,陆正飞.公司治理与股权融资成本——单一与综合机制的治理效应研究[J].数量经济技术经济研究,2009(2):60-75.
[19] 江伟,李斌.制度环境、国有产权与银行差别贷款[J].金融研究,2004(11):116-126.
[20] 江向才.公司治理与机构投资人持股之研究[J].南开管理评论,2004(1):33-40.
[21] 姜秀珍,全林,陈俊芳.郑江淮现金流量与公司投资策——从公司规模角度的实证研究[J].工业工程与管理,2003(5):30-34.
[22] 金玲娣,陈国宏.企业规模与R&D关系实证研究[J].科研管理,2001(1):51-57.
[23] 孔翔.中外独立董事制度比较研究[J].管理世界,2002(8):88-97.
[24] 李斌,江伟.金融发展融资约束与企业成长[J].南开经济研究,2006(3):68-78.
[25] 李丹蒙,夏立军.股权性质、制度环境与上市公司R&D强度[J].财经研究,2008(4):93-104.

[26] 李金,李仕明,熊小舟. 我国上市公司投资-现金流敏感度实证研究[J]. 管理学报,2007(6):824-828.

[27] 李科,徐龙炳. 融资约束、债务能力与公司业绩[J]. 经济研究,2011(5):61-73.

[28] 娄芳,原红旗. 独立董事制度:西方的研究和中国实践中的问题[J]. 改革,2002(2):51-57.

[29] 李维安,姜涛. 公司治理与企业过度投资行为研究——来自中国上市公司的证据[J]. 财贸经济,2007(12):56-61.

[30] 李维安,李滨. 机构投资者介入公司治理效果的实证研究——基于 CCGI(NK)的经验研究[J]. 南开管理评论,2008(1):4-14.

[31] 李焰,陈才东,黄磊. 集团化运作、融资约束与财务风险——基于上海复星集团案例研究[J]. 管理世界. 2007(12):117-135.

[32] 李焰,黄磊. 融资约束与上市公司股票价格波动——基于我国资本市场的经验证据[J]. 财贸经济. 2008(10):44-49.

[33] 李增泉,辛显刚,于旭辉. 金融发展、债务融资约束与金字塔结构——来自民营企业集团的证据[J]. 管理世界,2008(1):123-135,188.

[34] 连玉君,程建. 投资—现金流量敏感性:融资约束还是代理成本[J]. 财经研究,2007(2):37-46.

[35] 刘斌,岑露. 中国上市公司 R&D 费用的契约动因研究——来自沪深两市 2002—2003 年报的经验证据[J]. 经济管理,2004(22):46-51.

[36] 刘冰,方政. 公司内部治理机制与股权融资成本——股权性质差异条件下的影响因素分析[J]. 经济管理,2011(12):135-140.

[37] 刘冰,方政. 公司内部治理机制与股权融资成本——股权性质差异条件下的影响因素分析[J]. 经济管理,2011(12):135-140.

[38] 刘国新,李勃. 论企业规模与 R&D 投入相关性[J]. 管理科学学报,2001(4):68-72.

[39] 刘浩,唐松,楼俊. 独立董事:监督还是咨询?——银行背景独立董事对企业信贷融资影响研究[J]. 管理世界,2012(1):141-156.

[40] 刘胜强,刘星. 股权结构对企业 R&D 投资的影响——来自制造业上市公司 2002—2008 年的经验证据[J]. 软科学,2010(7):32-36.

[41] 刘胜强,刘星. 上市公司负债水平对企业 R&D 投资的影响[J]. 科技进步与对策,2011,28(11):87-90.

[42] 刘伟,刘星. 高管持股对企业 R&D 支出的影响研究——来自 2002—2004 年 A 股上市公司的经验证据[J]. 科学学与科学技术管理,2007(10):172-175.

[43] 刘笑霞,李明辉. 企业研发投入的影响因素——基于我国制造企业调查数据的研究[J]. 科学学与科学技术管理,2009(3):17-23.

[44] 刘新同. 我国民营企业研发投资特征分析[J]. 科技管理研究,2009(12):341-342.

[45] 刘运国,刘雯. 我国上市公司的高管任期与 R&D 支出[J]. 管理世界,2007(1):128-136.

[46] 刘振. 融资来源对公司 R&D 投资影响的实证分析——基于中国上市高新技术企业的经验数据[J]. 中国科技论坛,2011(3):54-59,72.

[47] 连玉君,彭方平,苏治. 融资约束与流动性管理行为[J]. 金融研究,2010(10):158-171.

[48] 林毅夫,李志赟. 中国的国有企业与金融体制改革[J]. 经济学季刊,2005(4):913-936.

[49] 罗党论,甄丽明. 民营控制、政治关系与企业融资约束——基于中国民营上市公司的经验证据[J]. 金融研究,2008(12):164-178.

[50] 吕民乐,王晓虎. 企业资本结构与 R&D 投入——基于汽车制造业上市公司的经验研究[J]. 中国科技论坛,2010(1):62-66.

[51] 骆品亮,郑绍濂. 市场结构对企业 R&D 的激励研究[J]. 研究与发展管理,2001(2):1-5.

[52] OECD. 研究与发展调查手册[M]. 5 版. 弗拉斯卡蒂丛书. 科技部发展计划司、中国科技指标研究会,主编. 北京:新华出版社,2000.

[53] 潘承烈. 自主创新为何要以企业为主体[J]. 企业管理,2006(2):15-17.

[54] 潘越,戴亦一. 双重上市与融资约束——来自中国"A+H"双重上市公司的经验证据[J]. 中国工业经济,2008(5):139-149.

[55] 皮永华,宝贡敏. 我国企业多角化战略与研发强度之间关系的实证研究——以浙江省为例[J]. 科研管理,2005(3):76-82.

[56] 屈文洲,谢雅璐,叶玉妹.信息不对称、融资约束与投资—现金流敏感性——基于市场微观结构理论的实证研究[J].经济研究,2011(6):105-117.

[57] 饶华春.中国金融发展与企业融资约束的缓解——基于系统广义矩估计的动态面板数据分析[J].金融研究,2009(9):156-164.

[58] 任海云.股权结构与企业R&D投入关系的实证研究——基于A股制造业上市公司的数据分析[J].中国软科学,2010(5):126-135.

[59] 沈红波,寇宏,张川.金融发展、融资约束与企业投资的实证研究[J].中国工业经济,2010(6):55-64.

[60] 沈坤荣,张成.金融发展与中国经济增长——基于跨地区动态数据的实证研究[J].管理世界,2004(7):15-27.

[61] 石晓军,张顺明.商业信用、融资约束及效率影响[J].经济研究,2010(1):102-114.

[62] 唐清泉,甄丽明.管理层风险偏爱、薪酬激励与企业R&D投入——基于我国上市公司的经验研究[J].经济管理,2009,31(5):56-64.

[63] 王德应,刘渐和.TMT特征与企业技术创新关系研究[J].科研管理,2011,32(7):45-52.

[64] 王跃堂,赵子夜,魏晓雁.董事会的独立性是否影响公司绩效[J].经济研究,2006(5):62-73.

[65] 王山慧,王宗军.董事会规模对上市公司经营困境影响的实证研究[J].技术经济,2012(18):57-59,129.

[66] 魏锋,刘星.融资约束、不确定性对公司投资为的影响[J].经济科学,2004(2):35-43.

[67] 韦小柯.高层管理团队特征与企业R&D投入关系研究[J].科学学研究,2006(S2):553-557.

[68] 文芳.产权性质、债务来源与企业R&D投资——来自中国上市公司的经验证据[J].财经论丛,2010(3):71-78.

[69] 文芳,胡玉明.中国上市公司高管个人特征与R&D投资[J].管理评论,2009(11):84-91.

[70] 吴延兵.市场结构、产权结构与R&D——中国制造业的实证分析[J].统计研

究,2007(5):67-75.

[71] 肖作平,陈德胜. 公司治理结构对代理成本的影响——来自中国上市公司的经验证据[J]. 财贸经济,2006(12):29-35.

[72] 解维敏,方红星. 金融发展、融资约束与企业研发投入[J]. 金融研究,2011(5):171-183.

[73] 解维敏,唐清泉,陆姗姗. 政府 R&D 资助,企业 R&D 支出与自主创新——来自中国上市公司的经验证据[J]. 金融研究,2009(6):86-99.

[74] 许治,何悦,王晗. 政府 R&D 资助与企业 R&D 行为的影响因素——基于系统动力学研究[J]. 管理评论,2012,24(4):67-75.

[75] 许志伟,薛鹤翔,罗大庆. 融资约束与中国经济波动——新凯恩斯主义框架内的动态分析[J]. 经济学(季刊),2011(1):83-110.

[76] 姚颐,刘志远. 机构投资者具有监督作用吗?[J]. 金融研究,2009(6):128-143.

[77] 叶建芳. 真实环境下机构投资者持股与公司透明度研究——基于遗漏变量与互为因果的内生性检验分析视角[J]. 财经研究,2009(1):49-60.

[78] 曾繁荣. 基于技术创新的企业财务管理研究[D]. 南京:南京理工大学博士学位论文,2005.

[79] 张纯,吕伟. 机构投资者、终极产权与融资约束[J]. 管理世界,2007(11):119-126.

[80] 张杰,刘东. 商业信贷、融资约束与我国中小企业融资行为——基于江苏省制造业企业的问卷观测和实证分析[J]. 金融论坛,2006(10):3-9.

[81] 张婉君,罗威. 控股股东、治理环境与机构股东积极治理效应——基于股权融资成本的视角[J]. 山西财经大学学报,2010(11):102-109.

[82] 张翼,李辰. 股权结构现金流与资本投资[J]. 经济学(季刊),2005(4):229-247.

[83] 章晓霞,吴冲锋. 融资约束影响我国上市公司的现金持有政策吗——来自现金—现金流敏感度的分析[J]. 管理评论,2006(10):59-62.

[84] 赵昌文,唐英凯,周静,邹晖. 家族企业独立董事与企业价值——对中国上市公司独立董事制度合理性的检验[J]. 管理世界,2008(8):119-127.

[85] 赵洪江,陈学华,夏晖. 公司自主创新投入与治理结构特征实证研究[J]. 中国软科学,2008,211(7):145-149.

[86] 赵洪江,夏晖. 机构投资者持股与上市公司创新行为关系实证研究[J]. 中国软科学,2009(5):33-39.

[87] 赵湘莲. 高新技术企业 R&D 财务管理研究[D]. 南京:南京理工大学博士学位论文,2004.

[88] 赵亚娟,杨喜孙,刘心报. 供应链金融与中小企业融资能力[J]. 区域金融研究,2009(11):57-62.

[89] 郑江淮,何旭强,王华. 上市公司投资的融资约束:从股权结构角度的实证分析[J]. 金融研究,2001(11):92-99.

[90] 周黎安,罗凯. 企业规模与创新:来自中国省级水平的经验证据[J]. 经济学(季刊),2005(2):623-638.

[91] 周杰,薛有志. 公司内部治理机制对 R&D 投入的影响——基于总经理持股与董事会结构的实证研究[J]. 研究与发展管理,2008(3):1-9.

[92] 朱红军,何贤杰,陈信元. 金融发展、预算软约束与企业投资[J]. 会计研究,2006(10):64-71,96.

[93] Abel A B. Empirical investment equations: An integrative framework [C]. Carneige-Rochester Conference Series on Public Policy, 1980, 12(1): 39-91.

[94] Abel A B & O J Blanchard. The present value of profits and cyclical movements in investments [J]. *Econometrica*, 1986, 54(2): 249-273.

[95] Abor J & C K D Adjasi. Corporate governance and the small and medium enterprises sector: theory and implications [J]. *Corporate Governance*, 2007, 7(2): 111-122.

[96] Acemoglu D & F Zilibotti. Was prometheus unbound by chance? Risk, diversification, and growth [J]. *Journal of Political Economy*, 1997, 105(4): 709-775.

[97] Acemoglu D & J Linn. Market size in innovation theory and evidence from the pharmaceutical industry [J]. *Quarterly Journal of Economics*, 2004, 119(3): 1049-1090.

[98] Acs Z J & D B Audertsch. Innovation, market structure, and firm size [J]. *The Review of Economics and Statistics*, 1987, 69(4): 567-574.

[99] Adams W J. Firm size and research activity: France and the United States [J]. *The Quarterly Journal of Economics*, 1970, 84(3): 386-409.

[100] Agca S & A Mozumdar. The impact of capital market imperfections on investment-cash flow sensitivity [J]. *Journal of Banking Finance*, 2008, 32 (2): 207-216.

[101] Aghion P & P Bolton. An incomplete contracts approach to financial contracting [J]. *Review of Eeonomic Studies*, 1992, 59(3): 473-494.

[102] Aghion P, S Bond, A Klemm & I Marinescu. Technology and financial structure: Are innovative firms different? [J]. *Journal of the European Economic Association*, 2004, 2(2-3): 277-288.

[103] Agrawal A & C R Knoeber. Firm performance and mechanisms to control agency problems between managers and shareholders [J]. *Journal of Financial and Quantitative Analysis*, 1996, 31(3): 377-397.

[104] Akerlof G A. The market for "Lemons": Quality uncertainty and the market mechanism [J]. *Quarterly Journal of Economics*, 1970, 84(3): 488-500.

[105] Allayannis G & A Mozumdar. The impact of negative cash flow and influential observations on investment-cash flow sensitivity estimates [J]. *Journal of Banking and Finance*, 2004, 28(5): 901-930.

[106] Allen F. The market for information and the origin of financial intermediaries [J]. *Journal of Financial Intermediation*, 1990(1): 3-30.

[107] Allen F & D Gale. Financial markets, intermediaries, and intertemporal smoothing [J]. *Journal of Political Economy*, 1997, 105(3): 523-546.

[108] Allen F, J Qian & M Qian. Law, finance, and economic growth in China [J]. *Journal of Financial Economics*, 2005(7): 57-116.

[109] Allen M P. Managerial power and tenure in the large corporation [J]. *Social Forces*, 1981, 60(2): 482-494.

[110] Almeida H, M Campello & M S Weisbach. The cash flow sensitivity of cash [J]. *Journal of Finance*, 2004, 59(4): 1777-1804.

[111] Almeida H, M Campello & M S Weisbach. Corporate financial and investment

policies when future financing is not frictionless [J]. *Journal of Corporate Finance*, 2011, 17(3): 675-693.

[112] Alti A. How sensitive is investment to cash flow when financing is frictionless? [J]. *The Journal of Finance*, 2003, 58(2): 707-722.

[113] Antonelli C. A failure inducement model of research and development expenditure: Italian evidence from early 1980s [J]. *Journal of Economic Behavior and organization*, 1989, 12(2): 159-180.

[114] Arellano M & S R Bond. Some tests of specification for panel data: Monte Carlo evidence and an application to employment equations [J]. *Review of Economic Studies*, 1991, 58(2): 277-297.

[115] Arslan O, C Florackis & A Ozkan. The role of cash holdings in reducing investment-cash flow sensitivity: Evidence from a financial crisis period in an emerging market [J]. *Emerging Market Review*, 2006, 7(4): 320-338.

[116] Athey M L & P S Laumas. Internal funds and corporate investment in India [J]. *Journal of Development Economics*, 1994, 45(2): 287-303.

[117] Bah R & P Dumontier. R&D intensity and corporate financial policy: Some international evidence [J]. *Journal of Business Finance and Accounting*, 2001, 28(5-6): 671-692.

[118] Baldwin J R, G Gellatly & V Gaudreault. Financing innovation in new small firms: New evidence from Canada [J]. *Analytical Studies Branch Research Paper*, 2013, 11(7): 911-914.

[119] Barker V & G Mueller. CEO characteristics and firm R&D spending [J]. *Management Science*, 2002, 48(6): 782-801.

[120] Basma S M. How CEO attributes affect firm R&D spending: New evidence form a panel of French firms [C]. Crises et nouvelles problématiques de la Valeur, Nice: France, 2010.

[121] Baysinger B D, R D Kosnik & T A Turk. Effects of board and ownership structure on corporate R&D strategy [J]. *Academy of Management Journal*, 1991, 34(1): 205-214.

[122] Beck T & A Demirgüç-Kunt. Small and medium-size enterprises: Access to finance as growth constraint [J]. *Journal of Banking and Finance*, 2006, 30(11): 2931-2943.

[123] Bellone F, P Musso, L Nesat & S Schiavo. Financial constraints and firm export behavior [J]. *Social Science Electronic Publishing*, 2010, 33(3): 347-373.

[124] Berger A & G Udell. Small business credit availability and relationship lending: the importance of bank organizational structure [J]. *Economic Journal*, 2002, 112(2): 32-53.

[125] Berman N & J Hericourt. Financial factors and the margins of trade: Evidence from cross-country firm-level data [J]. *Journal of Development Economics*, 2010, 93(2): 206-217.

[126] Berrone P, J Surroca & J A Tribo. The influence of blockholders on R&D investments intensity: Evidence from Spain [R]. Working Paper 5-46, Business Economics Series 11, 2005.

[127] Blank D M & G J Stigler. The demand and supply of scientific personnel [R]. National Bureau of Economic Research, New York, 1957.

[128] Bloch C. R&D investment and internal finance: The cash flow effect [J]. *Economic of Innovation New Technology*, 2005, 14(3): 213-223.

[129] Bloom N. Do R&D tax credits work? Evidence from a panel of countries 1979—1997 [J]. *Journal of Public Economics*, 2002, 85(1): 1-31.

[130] Blundell R & R Griffit. Market share, market value and innovation in a panel of British manufacturing firms [J]. *Review of Economics Studies*, 1999, 66(3): 529-540.

[131] Blundell R & S Bond. Initial conditions and moment restrictions in dynamic panel data models [J]. *Journal of Econometrics*, 1998, 87(1): 115-143.

[132] Bond S. Dynamic panel data models: A guide to micro data methods and practice [J]. *Portuguese Economic Journal*, 2002, 1(2): 142-162.

[133] Bond S, D Harhoff & J V Reenen. Investment, R&D and financial constraints

in Britain and Germany [R]. Working Paper, London School of Economics and Political Science, 2003.

[134] Booth J. Contract costs bank loans and the cross-monitoring hypothesis [J]. *Journal of Financial Economics*, 1992, 31(1): 25-41.

[135] Bose N & R Cothern. Asymmetric information and loan contracts in a neoclassical growth model [J]. *Journal of Money, Credit and Banking*, 1997, 29(4): 423-439.

[136] Botosan C A. Disclosure level and the cost of equity capital [J]. *The Accounting Review*, 1997, 72(3): 323-350.

[137] Bougheas S, H Goerg & E Strobl. Is R & D financially constrained? Theory and evidence from Irish manufacturing [J]. *Review of Industrial Organization*, 2003. 22(2): 159-174.

[138] Boyd J H & B D Smith. Intermediation and the equilibrium allocation of investment capital: Implications for economic development [J]. *Journal of Monetary Economics*, 1992, 30(3): 409-432.

[139] Boyd J H & B D Smith. How good are standard debt contracts? Stochastic versus nonstochastic monitoring in a costly state verification environment [J]. *Journal of Business*, 1994, 67(4): 539-562.

[140] Boyd J H & E C Prescott. Financial intermediary-coalitions [J]. *Journal of Economics Theory*, 1986, 38(2): 211-232.

[141] Braga H & L Willmore. Technological imports and technological effort: An analysis of their determinants in Brazilian firms [J]. *The Journal of Industrial Economics*, 1991, 39(4): 421-432.

[142] Brandt L & H Li. Bank discrimination in transition economies: Ideology, information or incentives? [J]. *Journal of Comparative Economics*, 2003, 31(3): 387-413.

[143] Brickley J A & C James. The takeover market, corporate board composition and ownership structure: The case of banking [J]. *Journal of law and economics*, 1987, 30(1): 161-180.

[144] Brown J R & B C Petersen. Public entrants, public equity finance and creative destruction [J]. *Journal of Banking & Finance*, 2010, 34(5): 1077-1088.

[145] Brown J R & B C Petersen. Cash holdings and R&D smoothing [J]. *Journal of Corporate Finance*, 2011, 17(3): 694-709.

[146] Brown J R, S M Fazzari & B C Petersen. Financing innovation and growth: Cash flow, external equity, and the 1990s R&D boom [J]. *The Journal of Finance*, 2009, 64(1): 151-185.

[147] Burkart M & T Ellingsen. In-kind finance: A theory of trade credit [J]. *American Economic Review*, 2004, 94(3): 569-590.

[148] Bushee B. The influence of institutional investors on myopic R&D investment behavior [J]. *The Accounting Review*, 1998, 73(3): 305-333.

[149] Byrd J W & K A Hickman. Do outside directors monitor managers: Evidence from tender offer bids [J]. *Journal of Financial Economics*, 1992, 32(2): 195-221.

[150] Campello M, J R Graham & C R Harvey. The real effects of financial constraints: evidence from a financial crisis [J]. *Journal of Financial Economics*, 2010, 97(3): 470-487.

[151] Canepa A & P Stoneman. Financial constraints to innovation in the UK: Evidence from CIS2 and CIS3 [J]. *Oxford Economic Papers*, 2009, 60(4): 394-398.

[152] Cantista I & A Tylecote. Industrial innovation, corporate governance and supplier- customer relationships [J]. *Journal of Manufacturing Technology Management*, 2008, 19(5): 576-590.

[153] Capron H, B Van Pottelsberghe & De La Potferie. Public support to business R&D: A survey and some new quantitative evidence [R]. Policy Evaluation in Innovation and Technology, 1997: 171-188.

[154] Carpenter M A. Upper Echelons Research revisited: Antecedents, element, and consequences of top management team composition [J]. *Journal of Management*, 2004, 30(6): 749-778.

[155] Carpenter R E & B C Petersen. Capital market imperfections, high-tech investment, and new equity financing [J]. *Economic Journal*, 2002, 112: 54-72.

[156] Chang X, T J Tan, G Wong & H Zhang. Effects of financial constraints on corporate policies in Australia [J]. *Accounting and Finance*, 2007, 47(1): 85-108.

[157] Chen C W, Z H Chen & K C Wei. Disclosure, corporate governance, and the cost of equity capital: Evidence from Asia's emerging markets [R]. Working Paper, 2003.

[158] Chen H L & Y S Huang. Employee stock ownership and corporate R&D expenditures: Evidence from Taiwan's information-technology industry [J]. *Asia Pacific Journal of Management*, 2006, 23(3): 369-384.

[159] Cheng C S A, D Collins & H H Huang. Shareholder rights, financial disclosure and the cost of equity capital [J]. *Review of Quantitative Finance and Accounting*, 2006, 27(2): 175-204.

[160] Cheng S J. R&D Expenditures and CEO Compensation [J]. *The Accounting Review*, 2004, 79(2): 305-328.

[161] Chiao C. Relationship between debt, R&D and physical investment: Evidence from US firm-level data [J]. *Applied Financial Economies*, 2002, 12(2): 105-121.

[162] Chidambaran N & John K. Relationship investing and corporate governance [R]. Tulane University and New York University Working Paper, 2000.

[163] Child J. Managerial and Organizational factors associated with company performance [J]. *Journal of Management Study*, 1974, 11(3): 13-27.

[164] Chung K H, P Wright & B Kedia. Corporate governance and market valuation of capital and R&D investment [J]. *Review of Financial Economics*, 2003, 12(2): 161-172.

[165] Chung R, M Firth & J B Kim. Institutional monitoring and opportunistic earnings management [J]. *Journal of Corporate Finance*, 2002, 8(1): 29-48.

[166] Cleary S. The relationship between firm investment and financial status [J]. *The Journal of Finance*, 1999, 54(2): 673-692.

[167] Collins D W & R LaFond. Corporate governance and the cost of equity capital [R]. Working Paper, 2004.

[168] Comanor W S & F M Scherer. Patent statistics as a measure of technical change [J]. *Journal of Political Economy*, 1969, 77(3): 392-398.

[169] Connolly R A & M Hirschey. R&D, market structure and profits: A value-based approach [J]. *The Review of Economics and Statistics*, 1984, 66(4): 682-686.

[170] Copley P A & E B Douthett. The associations between auditor choice, ownership retained, and earnings disclosure by firms making initial public offerings [J]. *Contemporary Accounting Research*, 2002, 19(1): 49-76.

[171] Cull R & L C Xu. Who gets credit? The behavior of bureaucrats and state banks in allocating credit to Chinese state-owned enterprises [J]. *Journal of Development Economics*, 2003, 71(2): 533-591.

[172] Cull R & L C Xu. Institutions, ownership and finance: The determinants of profit reinvestment among Chinese firms [J]. *Journal of Financial Economics*, 2005, 77(1), 117-146.

[173] Czarnitzki D. Research and development in small- and medium-sized enterprises: The role of financial constraints and public funding [J]. *Scottish Journal of Political Economy*, 2006, 53(3): 335-357.

[174] Czarnitzki D & A Fier. Do innovation subsidies crowd out private investment? Evidence from the German service [R]. Working Paper, 2002.

[175] David R, J P O'Brien & T Youshikawa. The implications of debt heterogeneity for R&D investment and firm performance [J]. *The Academy of Management Journal*, 2008, 51(1): 165-181.

[176] Dechow P & R Sloan. Executive incentives and the horizon problem: An empirical investigation [J]. *Journal of Accounting and Economics*, 1991, 14 (1): 51-89.

[177] Deidda L & B Fattouh. Banks, financial markets and growth [J]. *Journal of Financial Intermediation*, 2008, 17(1): 6-36.

[178] Deloof M. Internal capital markets, bank borrowing, and financing constraints: Evidence from Belgian firms [J]. *Journal of Business Finance & Accounting*, 1998, 25(7-8): 945-968.

[179] Demirguc-Kunt A & V Maksimovic. Funding growth in bank-based and market-based financial systems: Evidence from firm-level data [J]. *Journal of Financial Economics*, 2000, 65(3): 337-363.

[180] Denis D & V Sibilkov. Financial constraints, investment and the value of cash holdings [R]. Working Paper, 2007.

[181] Devereux M & F Schiantarelli. Investment, financial factors, and cash flow: evidence from UK panel data [M] // Hubbard R G (ed.). *Asymmetric Information, Corporate Finance, and Investment*. Chicago: University of Chicago Press and NBER, 1990.

[182] Diamond D & R Verrecchia. Disclosure, liquidity and the cost of capital [J]. *The Journal of Finance*, 1991, 46(4): 1325-1360.

[183] Dittmar A & J Marth-Smith. Corporate governance and the value of cash holdings [J]. *Journal of Financial Economics*, 2007, 83(1): 599-634.

[184] Dong J & Y N Gou. Corporate governance structure, managerial discretion, and the R&D investment in China [J]. *International Review of Economics and Finance*, 2010, 19(2): 180-188.

[185] Drucker P F. Reckoning with the pension fund revolution [J]. *Harvard Business Review*, 1991, 35(3-4): 106-114.

[186] Duguet E. Innovation height, spillovers and TFP growth at the firm level: Evidence from French manufacturing [J]. *Economics of Innovation and New Technology*, 2006, 15(5): 415-442.

[187] Faccio M. Politically connected firms [J]. *American Economic Review*, 2006, 96(1): 369-386.

[188] Faizul H. Corporate governance, cost of equity capital and capital market

development: A cross-sectional study on Bangladesh [R/OL]. Working Paper, 2006. http:www. sed. manchester. ac. uk.

[189] Fama E. Agency problems and theory of the firm [J]. *Journal of Political Economy*, 1980, 88(2): 288-307.

[190] Fama E & M Jensen. Separation of ownership and control [J]. *Journal of Law and Economics*, 1983, 26(2): 301-325.

[191] Fan P H, T J Wong & T Zhang. The emergence of corporate pyramids in China [R]. Working Paper, 2007.

[192] Faulkender M W & R Wang. Corporate financial policy and the value of cash [J]. *Journal of Finance*, 2006, 61(4): 1957-1990.

[193] Fazzari S, R G Hubbard & B C Petersen. Finance constraints and corporate investment [J]. *Brooking Papers on Economic Activity*, 1988, 37 (1): 141-195.

[194] Fazzari S, R G Hubbard &B C Petersen. Investment-cash flow sensitivities are useful: A comment on Kaplan and Zingales [J]. *Quarterly Journal of Economics*, 2000, 115(2): 695-705.

[195] Fishman A & R Bob. The size of firms and R&D investment [J]. *International Economic Review*, 1999, 40(4): 915-931.

[196] Fisman R & I Love. Trade credit, financial intermediary development and industry growth [J]. *Journal of Finance*, 2003, 58(1): 353-374.

[197] Forlani E. Liquidity constraints and firm's export activity [R]. Working Paper, Universite Catholique de Louvain-CORE, 2010.

[198] Francis J & A Smith. Agency costs and innovation: Some empirical evidence [J]. *Journal Accounting and Economies*, 1995, 19(2-3): 383-409.

[199] Frank M & V Goyal. Testing the pecking order theory of capital structure [J]. *Journal of Financial Economics*, 2003, 67(2): 217-248.

[200] Fuente A D L & J Marín. Innovation, bank monitoring, and endogenous financial development [J]. *Journal of Monetary Economics*, 1996, 38(2): 269-301.

[201] Gelos R G & A M Werner. Financial liberalization, credit constraints and collateral: Investment in the Mexican manufacturing sector [J]. *Journal of Development Economics*, 2002, 67(1): 1-27.

[202] Geroski P A. Innovation, technological opportunity, and market structure [J]. *Oxford Economic Papers*, 1990, 42(3): 586-602.

[203] Gillan S L & L T Starks. Corporate governance proposals and shareholder activism: The role of institutional investors [J]. *Journal of Financial Economics*, 2000, 57(2): 275-305.

[204] Gomes J F. Financing investment [J]. *The American Economic Review*, 2001, 91(5): 1263-1285.

[205] Gomes J F, A Yaron & L Zhang. Asset pricing implications of firms' financing constraints [J]. *Review of Financial Studies*, 2002, 19(4): 1321-1356.

[206] Goodstein J, K Gautam & W Boeker. The effects of board size and diversity on strategic change [J]. *Strategic Management Journal*, 1994, 15(3): 241-250.

[207] Graham J R. Debt and the marginal tax rate [J]. *Journal of Financial Economics*, 1996, 41(1): 41-73.

[208] Greenaway D, A Guariglia & R Kneller. Financial factors and exporting decisions [J]. *Journal of International Economics*, 2007, 73(2): 377-395.

[209] Greenwald B, J E Stiglitz & A Weiss. Informational imperfections in the capital market and macroeconomic fluctuations [J]. *American Economic Review*, 1984, 74(2): 194-199.

[210] Greenwood J & B Jovanovic. Financial development, growth, and the distribution of income [J]. *Journal of Political Economy*, 1990, 98(5): 1076-1107.

[211] Greenwood J & B Smith. Financial markets in development, and the development of financial market [J]. *Journal of Economic Dynamics and Control*, 1997, 21(1): 145-181.

[212] Grossman S J & J Stiglitz. On the impossibility of informationally efficient markets [J]. *American Economic Review*, 1980, 70(3): 393-408.

[213] Guercio D D & J Hawkins. The motivation and impact of pension fund activism [J]. *Journal of Financial Economics*, 1999, 52(3): 293-340.

[214] Gugler K. Corporate governance and investment [J]. *International Journal of the Economics of Business*, 2003, 10(3): 261-289.

[215] Gul F A & S Leung. Board leadership, outside directors' expertise and voluntary corporate disclosures [J]. *Journal of Accounting and Public Policy*, 2004, 23(5): 351-379.

[216] Güner A B, U Malmendier & G Tate. Financial expertise of directors [J]. *Journal of Financial Economics*, 2008, 88(2): 323-354.

[217] Hale G, A Razin & H Tong. Credit constraints and stock price volatility [R]. NBER Working Paper, 2007.

[218] Hall B H. Investment and research and development at the firm level: Does the source of financing matter? [R]. NBER Working Paper, 1992.

[219] Hall B H & J Lerner. The financing of R&D and innovation (forthcoming) [M] // *Handbook of the Economics of Innovation*. North Holland: Elsevier, 2010.

[220] Hall B H & J V Reenen. How effective are fiscal incentives for R&D? A review of the evidence [J]. *Research Policy*, 2000, 29(4-5): 449-469.

[221] Hall B H, J Mairesse, L Branstetter & B Crepon. Does cash flow cause investment and R&D: An exploration using panel data for French, Japanese and United States firms in the scientific sector [M]//Audretsch D & A R Thurik (eds.). *Innovation, Industry Evolution and Employment*. Cambridge: Cambridge University Press, 1999.

[222] Hall B H, Z Griliches & J A Hausman. Patents and R&D: Is there a lag? [R]. NBER Working Paper, 1986.

[223] Hambrick D C & P A Mason. Upper echelons: The organization as a reflection of its top managers [J]. *Academy of Management Review*, 1984, 9(2): 193-206.

[224] Hamermesh D S & G A Pfann. Adjustment costs in factor demand [J]. *Journal of Economic Literature*, 1996, 34(3): 1264-1292.

[225] Han S & J P Qiu. The impact of cash flow volatility and financial constraints on cash holdings [R]. Working Paper, McMaster University, 2005.

[226] Hansen G S & C W L Hill. Are institutional investors myopic? A time-series study of four technology-driven industries [J]. *Strategic Management Journal*, 1991, 12(1): 1-16.

[227] Harhoff D. Are there financing constraints for R&D and investment in German manufacturing firms? [J]. *Annales d'Economie et de Statistique*, 1998, 49/50: 421-456.

[228] Healy P M, A Hutton & K Palepu. Stock performance and intermediation changes surrounding sustained increases in disclosure [J]. *Contemporary Accounting Research*, 1999, 16(3): 485-520.

[229] Himmelberg C P & B C Petersen. R&D and internal finance: A panel study of small firms in high-tech industries [J]. *Review of Economics and Statistics*, 1994, 76(1): 38-51.

[230] Hitt M A, R E Hoskisson & Kim H. International diversification: Effects on innovation and firm performance in product-diversified firms [J]. *Academy of Management Journal*, 1997, 40(4): 767-798.

[231] Ho S S M & K S Wong. A study of the relationship between corporate governance structures and the extent of voluntary disclosure [J]. *Journal of International Accounting, Auditing & Taxation*, 2001, 10(2): 139-156.

[232] Holemans B & L Sleuwaegen. Innovation expenditures and the role of government in Beigium [J]. *Research Policy*, 1988, 17(6): 375-379.

[233] Holger G & E Strobl. The effect of R&D Subsidies on private R&D [J]. *Economica*, 2007, 74(5): 215-234.

[234] Holmstrom B. Agency costs and innovation [J]. *Journal of Economic Behaviour and organization*, 1989, 12(3): 305-327.

[235] Holmstrom B & J Tirole. Market liquidity and performance monitoring [J]. *Journal of Political Economy*, 1993, 101(4): 678-709.

[236] Hoshi T, A Kashyap & D Scharfstein. Corporate structure, liquidity and

investment: Evidence from Japanese industrial groups [J]. *Quarterly Journal of Economics*, 1991, 106(1): 33-60.

[237] Hoskisson R E, M A Hitt, R A Johnson & W Grossman. Conflicting voices: The effects of institutional ownership heterogeneity and internal governance on corporate innovation strategies [J]. *Academy of Management Journal*, 2002, 45(4): 697-716.

[238] Houston J F & C M James. Do Relationships have limits? Banking relationships, financial constraints, and investment [J]. *Journal of Business*, 2001, 74(3): 347-374.

[239] Hyytinen A and O Toivanen. Do financial constraints hold back innovation and growth? Evidence on the role of public policy [J]. *Research Policy*, 2005, 34(9): 1385-1403.

[240] Iskander M R & N Chamlou. Corporate governance: A framework for implementation [R]. Washington, D. C.: The World Bank, 2000.

[241] Islam S S & A Mozumdar. Financial market development and the importance of internal cash: Evidence from international data [J]. *Journal of Banking & Finance*, 2007, 31(3): 641-658.

[242] Jaffee D M & Russell T. Imperfect information, uncertainty, and credit rationing [J]. *Quarterly Journal of Economics*, 1976, 90(4): 651-666.

[243] Jensen M C. Agency cost of free cash flow, corporate finance and takeovers [J]. *American Economic Reviews*, 1986, 76(2): 323-339.

[244] Jensen M C. The modern industrial revolution, exit, and the failure of internal control systems [J]. *Journal of Finance*, 1993, 48(3): 831-880.

[245] Jensen M C & W H Meckling. Theory of the firm: Managerial behavior, agency costs and ownership structure [J]. *Journal of Financial Economics*, 1976, 3(4): 305-360.

[246] Jung K, Y Kim & R Stulz. Timing, investment opportunities, managerial discretion, and the security issue decision [J]. *Journal of Financial Economics*, 1996, 42(2):159-186.

[247] Kadapakkam P, P Kumar & L Riddick. The impact of cash flows and firm size on investment: The international evidence [J]. *Journal of Banking & Finance*, 1998, 22(3): 293-320.

[248] Kafouros M I. Economic returns to industrial research [J]. *Journal of Business Research*, 2008, 61(8): 868-876.

[249] Kamien M & N Schwartz. Self-financing of an R&D project [J]. *American Economic Review*, 1978, 68(3): 252-261.

[250] Kaplan S & L Zingales. Do financing constraints explain why investment is correlated with cash flow [J]. *Quarterly Journal of Economics*, 1997, 112(2): 169-215.

[251] Kaplan S & L Zingales. Investment-cash flow sensitivities are not valid measures of financing constraints [J]. *Quarterly Journal of Economics*, 2000, 115(2): 707-712.

[252] Khurana I, X Martin & R Pereira. Financial Development and the cash flow sensitivity of cash [J]. *Journal of Financial & Quantitative*, 2006, 41(4): 787-807.

[253] Khwaja A I & A Mian. Do lenders favor politically connected firms? Rent provision in an emerging financial market [J]. *Quarterly Journal of Economics*, 2005, 120(4): 1371-1411.

[254] Kim Y. The proportion and social capital of outside directors and their impacts on firm value: Evidence from Korea [J]. *Corporate Governance: An International Review*, 2007, 15(6): 1168-1176.

[255] King R G & C I Plosser. Money as the mechanism of exchange [J]. *Journal of Monetary Economics*, 1986, 17(1): 93-115.

[256] King R G & R Levine. Financial intermediation and economic development [M]// Mayer C & X Vives (eds.). *Capital Markets and Financial Intermediation*. Cambridge: Cambridge University Press, 1993.

[257] Klein A. Economic determinants of audit committee independence [J]. *The Accounting Review*, 2002, 77(2): 435-452.

[258] Klette T J & J Moen. R&D investment responses to R&D subsidies: A theoretical analysis and a micro econometric study [C]. Urbino: Proceedings of the Conference on the Economics of Science and Technology: Micro Foundations and Policy, 1998.

[259] Krol M, P Wright, L Toombs & H Leavell. Form of control: A critical determinant of acquisition performance and CEO reward [J]. *Strategy Management Journal*, 1997, 18(2): 85-96.

[260] La Porta L, F Lopez-de-Silanes, A Shleifer & R Vishny. Legal determinants of external finance [J]. *Journal o f Finance*, 1997, 52(3): 1131-1150.

[261] Lach S. Do R&D subsidies stimulate or displace private R&D subsidies: A theoretical analysis and a micro-econometric evaluation studies [J]. *Research Policy*, 2002, 29(4): 471-495.

[262] Lach S & M Schankerman. Dynamics of R & D and investment in the scientific sector [J]. *The Journal of Political Economy*, 1989, 97(4): 880-904.

[263] Laeven L. Does financial liberalization reduce financing constrains [J]. *Financial Management*, 2003, 32(1): 5-34.

[264] Lang M & R Lundholm. Cross-sectional determinants of analysts rating of corporate disclosure [J]. *Journal of Accounting Research*, 1993, 31(2): 246-271.

[265] Lee C Y. A new perspective on industry R&D and market structure [J]. *The Journal of Industrial Economics*, 2005, 53(1): 101-122.

[266] Lee E Y & B C Cin. The effect of risk-sharing government subsidy on corporate R&D investment: Empirical evidence from Korea [J]. *Technological Forecasting & Social Change*, 2010, 77(6):881-890.

[267] Leland H E & D H Pyle. Informational asymmetries, financial structure, and financial intermediation [J]. *Journal of Finance*, 1977, 32(2): 371-387.

[268] Leuz C & F Oberholzer-Gee. Political relationships, global financing and corporate transparency: Evidence from Indonesia [J]. *Journal of Financial Economics*, 2006, 81(2): 411-439.

[269] Levine R. Financial development and economic growth: Views and agenda [J]. *Journal of Economic Literature*, 1997, 35(2): 688-726.

[270] Levine R. Finance and growth: Theory and evidence [M] // Aghion P & S Durlauf (eds.). *Handbook of Economic Growth*. North-Holland: Elsevier Publishers, 2005.

[271] Levin R C & P C Reiss. Tests of a Schumpeterian model of R&D and market structure [R]. University of Chicago Press for the NBER Working Paper, Chicago, 1984.

[272] Levin R C, W M Cohen & D C Mowery. R & D appropriability, opportunity, and market structure: New evidence on some Schumpeterian hypotheses [J]. *The American Economic Review*, 1985, 75(2): 20-24.

[273] Lewent J & J Kearney. Identifying, measuring and hedging currency risk at Merck [J]. *Journal of Applied Corporate Finance*, 1990, 2(4): 19-28.

[274] Lichtenberg F R. R&D investment and international productivity differences [M]//Siebert H (ed.). *Economic Growth in the World Economy*. Tubingen: J. C. B. Mohr, 1993.

[275] Liddle B T & S M Asce. Privatization decision and civil engineering project [J]. *Journal of Management in Engineering*, 1997, 13(3): 73-78.

[276] Long J B D. Did J P Morgan's men add value? An economist's perspective on finance capitalism [M] // Temin P (ed.). *Inside the Business Enterprise: Historical Perspectives on the Use of Information*. Chicago: University of Chicago Press, 1991: 205-236.

[277] Long W F & D J Ravenscraft. LBOs, debt and R&D intensity [J]. *Strategic Management Journal*, 1993, 14(S1): 119-135.

[278] Love I. Financial development and financing constraints: International evidence from the structural investment model [J]. *Review of Financial studies*, 2003, 16(3): 765-791.

[279] Lucas R E. On the mechanics of economic development [J]. *Journal of Monetary Economics*, 1988, 22(1): 3-42.

[280] Lunn J. An empirical analysis of process and product patenting: A simultaneous equation framework [J]. *The Journal of Industrial Economics*, 1986, 34(3): 319-330.

[281] Mackie-Mason J K. Do taxes affect corporate financing decisions? [J]. *The Journal of Finance*, 1990, 45(5): 1471-1493.

[282] Martinsson G. Finance and R&D investment: Is there a debt overhang effect on R&D investments [R]. CESIS Working Papers, 2009.

[283] Maug E. Large shareholders as monitors: Is there a trade-off between liquidity and control? [J]. *Journal of Finance*, 1998, 53(1): 65-98.

[284] Merton R C & Z Bodie. The design of financial systems: Towards a synthesis of function and structure [R]. National Bureau of Economic Research Working Paper, Number 10620, 2004.

[285] Modigliani F & M H Miller. The cost of capital, corporation finance, and the theory of investment [J]. *American Economic Review*, 1958, 48(3): 261-297.

[286] Modigliani F & M H Miller. Corporate Income Taxes and the Cost of Capital: A Correction [J]. *American Economic Review*, 1963, 53(3): 443-453.

[287] Moncada-Paternò-Castello P et al. Does Europe perform too little corporate R&D? A comparison of EU and non-EU corporate R&D performance [J]. *Research Policy*, 2010, 39(4): 523-536.

[288] Mukhopadhyay A K. Technological progress and change in market concentration in the US, 1963—1977 [J]. *Southern Economic Journal*, 1985, 52(1): 141-149.

[289] Müller E & V Zimmermann. The importance of equity finance for R&D activity [J]. *Small Business Economics*, 2009, 33(3), 303-318.

[290] Myers S C. Determinants of corporate borrowing [J]. *Journal of Financial Economics*, 1977, 5(2): 147-175.

[291] Myers S C & N S Majluf. Corporate financing and investment decisions when firms have information that investors do not have [J]. *Journal of Financial*

Economics, 1984, 13(2): 187-221.

[292] Nam J, R E Ottoo, J H Thornton Jr. The effect of managerial incentives to bear risk on corporate capital structure and R&D investment [J]. *The Financial Review*, 2003, 38(1): 77-101.

[293] Nelson R R. The simple economics of basic scientific research [J]. *Journal of Political Economy*, 1959, 67(3): 297-306.

[294] Nickell S J. Competition and corporate performance [J]. *Journal of Political Economy*, 1996, 104(4): 724-74.

[295] Ogawa K. Debt, R&D investment and technological progress: A panel study of Japanese manufacturing firms' behavior during the 1990s [J]. *Journal of Japanese International Economies*, 2007, 21(4): 403-423.

[296] Okamuro H and J X Zhang. Ownership structure and R&D investment of Japanese start-up firms [R]. CEI Working Paper Series, No. 2006-1.

[297] Özçelik E & E Taymaz. R&D support programs in developing countries: The Turkish experience [J]. *Research Policy*, 2008, 37(2): 258-275.

[298] Pagano M, F Panetta & L Zingales. Why do companies go public? An empirical analysis [J]. *Journal of Finance*, 1998, 53(1): 27-64.

[299] Pawlina G & L Renneboog. Is investment-cash flow sensitivity caused by agency costs or asymmetric information? Evidence from the UK [J]. *European Financial Management*, 2005, 11(4): 483-513.

[300] Pfeffer J. Size and composition of corporate boards of directors: The organization and its environment [J]. *Administrative Science Quarterly*, 1972, 17(2): 218-228.

[301] Poncet S, W Steingress & H Vandenbussche. Financial constraints in China: Firm-level evidence [J]. *China Economic Review*, 2010, 21(3): 411-422.

[302] Pratap S. Do adjustment costs explain investment-cash flow insensitivity? [J]. *Journal of Economic Dynamics and Control*, 2003, 27(11-12): 1993-2006.

[303] Provan K G. Board power and organizational effectiveness among human service agencies [J]. *Academy of Management Journal*, 1980, 23(2): 221-236.

[304] Rajan R G & L Zingales. What do we know about capital structure? Some evidence from international data [J]. *Journal of Finance*, 1995, 50(5): 1421-1460.

[305] Ramakrishnan R T S & A Thakor. Information reliability and a theory of financial intermediation [J]. *Review of Economic Studies*, 1984, 51(3): 415-432.

[306] Ramirez C D. Did J. P. Morgan's men add liquidity? Corporate investment, cash flow, and financial structure at the turn of the twentieth century [J]. *Journal of Finance*, 1995, 50(2): 661-678.

[307] Rauh J D. Investment and financing constraints: Evidence from the funding of corporate pension plans [J]. *Journal of Finance*, 2006, 61(1), 33-71.

[308] Richardson A J & M Welker. Social disclosure, financial disclosure and the cost of equity capital [J]. *Accounting, Organizations and Society*, 2001, 26(7-8): 597-616.

[309] Rogers D A. Does executive portfolio structure affect risk management? [J]. *Journal of Banking & Finance*, 2002, 26(2-3): 271-295.

[310] Romer P M. Increasing returns and long-run growth [J]. *Journal of Political Economy*, 1986, 94(5): 1002-1037.

[311] Ryan H E & R A Wiggins. The interactions between R&D investment decisions and compensation policy [J]. *Financial Management*, 2002, 31(1): 5-29.

[312] Ryan H E & R A Wiggins. Who is in whose pocket? Director compensation, board independence, and barriers to effective monitoring [J]. *Journal of Financial Economics*, 2004, 73(3): 497-524.

[313] Scharfstein D. The disciplinary role of takeovers [J]. *Review of Economic Studies*, 1988, 55(2): 185-199.

[314] Scherer F M. Market structure and the employment of scientists and engineers [J]. *American Economic Review*, 1967, 57(3): 524-531.

[315] Scherer F M. The size distribution of profits from innovation [J]. *Annales d'Economie et de Statistique*, 1998, 534(49/50): 495-516.

[316] Schnatterly K & S G Johnson. Competing to be CEO in high-tech firms: Insider, board member, or outsider candidates [J]. *Journal of High Technology Management Research*, 2008, 18(2): 132-142.

[317] Seipel C & L Tunnel. A stochastic dominance analysis of the issuance of qualified opinions [J]. *American Business Review*, 2000, 18(1): 32-39.

[318] Shefer D & A Frankel. R&D, firm size and innovation: An empirical analysis [J]. *Technovation*, 2005, 25(1): 25-32.

[319] Shleifer A & R Vishny. Large shareholders and corporate control [J]. *Journal of Political Economy*, 1986, 94(3): 461-488.

[320] Shleifer A & R Vishny. A survey of corporate governance [J]. *Journal of Finance*, 1997, 52(2): 737-783.

[321] Singh M & S Faircloth. The impact of corporate debt on long term investment and firm performance [J]. *Applied Economies*, 2005, 37(8): 875-883.

[322] Soete L L G. Firm size and inventive activity: The evidence reconsidered [J]. *European Economic Review*, 1979, 12(4): 319-340.

[323] Stein J C. Takeover threats and managerial myopia [J]. *Journal of Political Economy*, 1988, 96(1): 61-80.

[324] Stiglitz J E & A Welss. Credit rationing in markets with imperfect information [J]. *The American Economic Review*, 1981, 71(3): 393-410.

[325] Stiglitz J E & A Welss. Incentive effects of terminations: Applications to credit and labor markets [J]. *The American Economic Review*, 1983, 73(5): 912-927.

[326] Streicher G, A Schibany & N Gretzmacher. Input additionality effects of R&D subsidies in Austria: Empirical evidence from firm-level panel data [R]. Technology Information Policy Consulting, 2004.

[327] Thatcher M & D Pingry. Optimal policy for software patents: Model and comparative implications [J]. *Journal of Management Information Systems*, 2009, 26(3): 103-134.

[328] Thompson P. The microeconomics of an R&D-based model of endogenous

growth [J]. *Journal of Economic Growth*, 2001, 6(4): 263-283.

[329] Townsend R M. Optimal contracts and competitive markets with costly state verification [J]. *Journal of Economic Theory*, 1979, 21(2): 265-293.

[330] Tribo J A, P Berrone & J Surroca. Do the type and number of blockholders influence R&D investments? New evidence from Spain [J]. *Corporate Governance: An International Review*, 2007, 15(5): 828-842.

[331] Vivero R. The impact of process innovations on firm's productivity growth: The case of Spain [J]. *Applied Economics*, 2002, 34(8): 1007-1016.

[332] Wallsten S J. The effects of government-industry R&D programs on private R&D: The case of the small business innovation research program [J]. *The RAND Journal of Economics*, 2000, 31(1): 82-100.

[333] Wally S & J Baum. Personal and structural determinants of the pace of strategic decision making [J]. *Academy of Management Journal*, 1994, 37(4): 932-956.

[334] Warner J B. Bankruptcy costs: Some evidence [J]. *The Journal of Finance*, 1977, 32(2): 337-347.

[335] Wei S J & T Wang. The siamese twins: Do state-owned banks favor state-owned enterprises in China [J]. *China Economic Review*, 1997, 8(1): 19-29.

[336] White E N. The stock market boom and crash of 1929 revisited [J]. *The Journal of Economic Perspective*, 1990, 4(2): 67-83.

[337] Wiersema M F & K A Bantel. Top management team demography and corporate strategic change [J]. *Academic Management Journal*. 1992, 35(1): 91-121.

[338] Wright P, S P Ferris, A Sarin & V Awasthi. Impact of corporate insider, blockholder, and institutional equity ownership on firm risk taking [J]. *The Academy of Management Journal*, 1996, 39(2): 441-463.

[339] Wu J F & R T Tu. CEO stock option pay and R&D spending: A behavior agency explanation [J]. *Journal of Business Research*, 2007, 60(5): 482-492.

[340] Y S Hwang，H G Min & S H Han. The influence of financial development on R&D activity：Cross-country evidence [J]. *Review of Pacific Basin Financial Markets and Policies*，2010，13(3)：171-194.

[341] Yermack D. Higher market valuation companies with a small board of directors [J]. *Journal of Financial Economics*，1996，40(2)：185-211.

[342] Zahra S A，D O Neubaum & M Huse. Entrepreneurship in medium-size companies：Exploring the effects ownership and governance systems [J]. *Journal of Management*，2000，26(5)：947-976.

索引

GMM / 27,30,68,69,70,71,72,73,94,96,97,98,99,100,101,122,124,125,126,127,128,167

MM 理论 / 51,54,61,88,167

R&D 融资 / 4,6,16,25,27,28,30,31,32,45,49,50,57,58,59,61,62,63,65,67,69,70,71,73,75,76,77,78,79,81,83,85,86,87,88,89,90,91,92,93,95,96,97,98,99,100,101,102,103,104,105,107,109,110,111,112,113,114,115,116,117,118,119,120,121,123,125,126,127,128,129,130,131,132,133,134,135,136,167

R&D 投资 / 2,3,4,5,6,8,9,10,11,12,13,14,15,16,17,18,24,25,26,27,28,30,31,33,36,37,38,39,44,45,46,47,48,49,50,51,53,54,57,58,59,60,61,62,63,65,66,67,69,70,71,72,73,74,75,83,87,88,89,90,91,92,94,95,96,97,98,100,102,103,110,111,112,114,115,116,117,118,119,120,121,122,123,124,125,126,129,130,133,134,135,136,137,139,140,141,167,169

产权性质 / 26,27,28,31,59,70,71,73,119,126,129,132,133,134,136,141,167

成长阶段 / 5,26,27,28,30,31,50,60,61,72,73,74,120,127,128,129,132,133,134,135,136,167

代理理论 / 3,4,26,30,56,58,61,133,167

董事会规模 / 12,27,31,76,77,78,86,89,90,94,95,96,97,98,102,103,132,133,134,136,141,167

独立董事 / 12,27,31,76,78,79,80,

81,82,83,86,90,91,94,95,98,99,101,102,103,132,133,134,136,138,139,142,167
负债融资 / 15,16,18,52,53,56,60,86,167
高层梯队理论 / 3,4,26,167
高管特征 / 3,13,26,167
公司规模 / 11,22,56,138,167
公司治理 / 3,4,5,6,12,26,27,28,30,31,75,76,77,78,79,80,81,82,83,85,86,87,88,89,91,92,93,95,97,99,101,102,103,104,108,109,112,113,114,117,118,132,133,134,136,137,138,139,142,167
机构投资者 / 13,23,27,31,76,83,84,85,86,89,92,93,94,95,96,100,101,102,103,104,132,133,134,136
技术创新 / 1,2,3,6,11,12,13,14,17,28,41,82,91,110,111,113,116,117,118,137,138,141,142,167
金融发展 / 3,4,5,6,20,21,24,25,26,28,31,32,67,72,95,105,106,107,109,110,111,112,113,114,115,116,117,118,119,120,121,122,123,124,125,126,127,128,129,130,131,132,134,135,136,138,139,141,142,143,167
欧拉方程 / 27,28,30,63,65,66,70,73,93,121,132,167
企业基础资源理论 / 3,4,26,167
权衡理论 / 51,52,61,167
权益融资 / 18,59,60,76,81,91,119,167
融资成本 / 9,21,46,47,51,55,56,57,59,61,64,69,73,75,76,77,81,82,84,85,86,88,89,90,91,92,93,98,103,110,111,112,114,117,120,125,129,130,133,134,138,139,167
融资控制理论 / 53,61,167
融资数量 / 112,114,167
融资约束 / 3,4,5,6,9,16,19,20,21,22,23,24,25,26,27,28,30,31,32,48,50,54,55,56,57,58,59,60,61,62,63,64,65,66,67,69,70,71,72,73,74,75,76,77,78,79,81,82,83,84,85,86,87,88,89,90,91,92,93,94,95,96,97,98,99,100,101,102,103,104,105,107,109,110,111,112,113,114,115,116,117,118,119,120,121,123,124,125,126,127,128,129,130,131,132,133,134,135,136,138,139,140,141,142,143,167,169
市场结构 / 10,11,137,140,141,167
投资对现金流敏感性 / 167

投资者保护 / 6,136,167
委托代理理论 / 3,4,26,167
系统广义矩估计方法 / 30,167
新优序融资理论 / 52,61,167
信息不对称 / 9,16,19,21,23,27,30,52,53,54,55,56,57,58,60,61,62,69,71,72,73,74,75,77,81,83,84,85,86,87,88,89,90,91,92,99,101,102,103,108,109,110,111,112,113,114,116,117,118,119,120,125,128,129,130,133,134,135,141,167
研发强度 / 2,3,43,44,140,167
政府补助 / 14,15,167

图书在版编目(CIP)数据

中国上市公司R&D投资的融资约束研究 / 王山慧著.
—杭州：浙江大学出版社，2018.1
ISBN 978-7-308-17944-7

Ⅰ.①中…　Ⅱ.①王…　Ⅲ.①上市公司—企业融资—研究—中国　Ⅳ.①F279.23

中国版本图书馆CIP数据核字(2018)第011900号

中国上市公司R&D投资的融资约束研究
Study on Corporate Financing Constraint for R&D Investments of Chinese Listed Companies
王山慧　著

责任编辑　张颖琪
责任校对　李　晨
封面设计　项梦怡
出版发行　浙江大学出版社
(杭州市天目山路148号　邮政编码310007)
(网址：http://www.zjupress.com)
排　　版　杭州隆盛图文制作有限公司
印　　刷　虎彩印艺股份有限公司
开　　本　710mm×1000mm　1/16
印　　张　11.25
字　　数　160千
版 印 次　2018年1月第1版　2018年1月第1次印刷
书　　号　ISBN 978-7-308-17944-7
定　　价　38.00元